PSYCHODYNAMIK Kompakt

Herausgegeben von
Franz Resch und Inge Seiffge-Krenke

Eva Möhler

Transmission von Trauma

Zur Psychodynamik und Neurobiologie
dysfunktionaler Eltern-Kind-Beziehungen

Vandenhoeck & Ruprecht

Bibliografische Information der Deutschen Nationalbibliothek:
Die Deutsche Nationalbibliothek verzeichnet diese Publikation in der
Deutschen Nationalbibliografie; detaillierte bibliografische Daten sind
im Internet über https://dnb.de abrufbar.

© 2020, Vandenhoeck & Ruprecht GmbH & Co. KG,
Theaterstraße 13, D-37073 Göttingen
Alle Rechte vorbehalten. Das Werk und seine Teile sind urheberrechtlich
geschützt. Jede Verwertung in anderen als den gesetzlich zugelassenen Fällen
bedarf der vorherigen schriftlichen Einwilligung des Verlages.

Umschlagabbildung: Paul Klee, Und es ward Licht, 1918/akg-images

Satz: SchwabScantechnik, Göttingen
Druck und Bindung: ♾ Hubert & Co. BuchPartner, Göttingen
Printed in the EU

Vandenhoeck & Ruprecht Verlage | www.vandenhoeck-ruprecht-verlage.com

ISSN 2566-6401
ISBN 978-3-525-40694-6

Inhalt

Vorwort zur Reihe 7

Vorwort zum Band 9

Einleitung 11

1 Mutter-Kind-Interaktion und Bindung 13

2 Elterliche Kompetenzen und kindliche Entwicklung 17

3 Phänomenologie und Epidemiologie des
  Misshandlungstraumas 20

4 Neurobiologie des Misshandlungstraumas 24

5 Misshandlung und Transmission 27
  5.1 Misshandlung und Interaktion 29
  5.2 Endokrinologische Transmissionsmechanismen 34

6 Fallbeispiel 1 39
  6.1 Anamnese 40
  6.2 Familienanamnese 41
  6.3 Entwicklungsanamnese 41
  6.4 Diagnostik 42
  6.5 Behandlung 43
  6.6 Interpretation 44

7	Fallbeispiel 2	47
	7.1 Anamnese	47
	7.2 Familienanamnese	49
	7.3 Entwicklungsanamnese	50
	7.4 Diagnostik	52
	7.5 Behandlung	53
	7.6 Interpretation	56
8	Präventionsansätze und Interventionsmöglichkeiten	61
	8.1 Mentalisierungsbasierte Behandlung	64
	8.2 Training der emotionalen Regulation für Mutter und Kind	65
	8.3 Videofeedback nach dem Konzept der emotionalen Verfügbarkeit	66
9	Schlusswort	71
	Literatur	72

Vorwort zur Reihe

Zielsetzung von PSYCHODYNAMIK KOMPAKT ist es, alle psychotherapeutisch Interessierten, die in verschiedenen Settings mit unterschiedlichen Klientengruppen arbeiten, zu aktuellen und wichtigen Fragestellungen anzusprechen. Die Reihe soll Diskussionsgrundlagen liefern, den Forschungsstand aufarbeiten, Therapieerfahrungen vermitteln und neue Konzepte vorstellen: theoretisch fundiert, kurz, bündig und praxistauglich.

Die Psychoanalyse hat nicht nur historisch beeindruckende Modellvorstellungen für das Verständnis und die psychotherapeutische Behandlung von Patienten und Patientinnen hervorgebracht. In den letzten Jahren sind neue Entwicklungen hinzugekommen, die klassische Konzepte erweitern, ergänzen und für den therapeutischen Alltag fruchtbar machen. Psychodynamisch denken und handeln ist mehr und mehr in verschiedensten Berufsfeldern gefordert, nicht nur in den klassischen psychotherapeutischen Angeboten. Mit einer schlanken Handreichung von 70 bis 80 Seiten je Band kann sich die Leserin, der Leser schnell und kompetent zu den unterschiedlichen Themen auf den Stand bringen.

Themenschwerpunkte sind unter anderem:
- *Kernbegriffe und Konzepte* wie zum Beispiel therapeutische Haltung und therapeutische Beziehung, Widerstand und Abwehr, Interventionsformen, Arbeitsbündnis, Übertragung und Gegenübertragung, Trauma, Mitgefühl und Achtsamkeit, Autonomie und Selbstbestimmung, Bindung.
- *Neuere und integrative Konzepte und Behandlungsansätze* wie zum Beispiel Übertragungsfokussierte Psychotherapie, Schema-

therapie, Mentalisierungsbasierte Therapie, Traumatherapie, internetbasierte Therapie, Psychotherapie und Pharmakotherapie, Verhaltenstherapie und psychodynamische Ansätze.
- *Störungsbezogene Behandlungsansätze* wie zum Beispiel Dissoziation und Traumatisierung, Persönlichkeitsstörungen, Essstörungen, Borderline-Störungen bei Männern, autistische Störungen, ADHS bei Frauen.
- *Lösungen für Problemsituationen in Behandlungen* wie zum Beispiel bei Beginn und Ende der Therapie, suizidalen Gefährdungen, Schweigen, Verweigern, Agieren, Therapieabbrüchen; Kunst als therapeutisches Medium, Symbolisierung und Kreativität, Umgang mit Grenzen.
- *Arbeitsfelder jenseits klassischer Settings* wie zum Beispiel Supervision, psychodynamische Beratung, Soziale Arbeit, Arbeit mit Geflüchteten und Migranten, Psychotherapie im Alter, die Arbeit mit Angehörigen, Eltern, Familien, Gruppen, Eltern-Säuglings-Kleinkind-Psychotherapie.
- *Berufsbild, Effektivität, Evaluation* wie zum Beispiel zentrale Wirkprinzipien psychodynamischer Therapie, psychotherapeutische Identität, Psychotherapieforschung.

Alle Themen werden von ausgewiesenen Expertinnen und Experten bearbeitet. Die Bände enthalten Fallbeispiele und konkrete Umsetzungen für psychodynamisches Arbeiten. Ziel ist es, auch jenseits des therapeutischen Schulendenkens psychodynamische Konzepte verstehbar zu machen, deren Wirkprinzipien und Praxisfelder aufzuzeigen und damit für alle Therapeutinnen und Therapeuten eine gemeinsame Verständnisgrundlage zu schaffen, die den Dialog befördern kann.

Franz Resch und Inge Seiffge-Krenke

Vorwort zum Band

Frühe Gewalterfahrungen können nicht nur für die Betroffenen selbst nachhaltige traumatische Folgen haben, sondern sich auch auf die nächste Generation erstrecken, wenn die Opfer von Misshandlungen durch das Trauma in ihrer eigenen Elternschaft beeinträchtigt sind. Der Mechanismus wird als transgenerationale Weitergabe von Interaktions- und Misshandlungserfahrungen bezeichnet. Einer »Transmission von Trauma« wird zunehmend Bedeutung zugemessen und auch empirisches Forschungsinteresse entgegengebracht.

Die frühkindliche Bindung zur primären Bezugsperson schafft nicht nur günstige Entwicklungsbedingungen für das Kind, sie hat direkte Einflüsse auf die Funktionstüchtigkeit des kindlichen Gehirns und führt dazu, dass wichtige Strukturen zur emotionalen Regulation sich überhaupt herausbilden können. Den frühen Interaktionen kommt also eine große Bedeutung für die Entwicklung des kindlichen Selbst zu. So führen frühe Mangelzustände an Fürsorge und Zuwendung zu einer erhöhten Wahrscheinlichkeit stressbedingter psychosomatischer Erkrankungen. Eltern besitzen intuitive Kompetenzen im Umgang mit dem Säugling, die jedoch durch frühe Gewalterfahrungen bei den Betroffenen beeinträchtigt werden können. Mütter mit schweren Traumatisierungen neigen eher zu emotional überschießenden Reaktionen mit erhöhter Impulsivität. Das Misshandlungstrauma führt zu vermehrten vegetativen Erregungszuständen und kann sogar dazu Anlass geben, dass das normale kindliche Schreien zum Trigger für traumatische Erinnerungen wird. Fehlinterpretationen des kindlichen Verhaltens und falsche Vorstellungen über die kindlichen Bedürfnisse können dann die Folge sein.

Die Autorin, die selbst mehrere Forschungsprojekte zu diesem Thema durchgeführt hat, gibt einen Überblick über den derzeitigen Wissensstand zum Thema transgenerationaler Einflüsse von Misshandlungstraumata auf die Interaktion mit dem Kind, insbesondere den emotionalen Dialog, wobei eine Reduktion der elterlichen emotionalen Verfügbarkeit und eine signifikant höhere Ausprägung von unsicheren Bindungsmustern nachweisbar sind. Es steigt die Gefahr, dass traumatisierte Mütter ihre Kinder emotional und/oder körperlich misshandeln. Dem Kind können schon früh Tätereigenschaften zugeschrieben werden, die schließlich im Sinne einer selbsterfüllenden Prophezeiung durch Identifikationsprozesse negative Einflüsse auf das kindliche Selbst ausüben. Solche verhinderbaren Übertragungen gewaltsamer Erlebnisse fordern geradezu eine verstärkte Prävention.

Zur intergenerationalen Transmission werden zwei eindrucksvolle Fallbeispiele geliefert, die eine Weitergabe traumatischer Erfahrungen plastisch vermitteln. Die Deutung der mütterlichen Projektionen auf das Kind steht dabei im Mittelpunkt. Eine typische Selbstwertstörung misshandelnder Eltern kommt ebenfalls zum Ausdruck.

Präventionsansätze und Interventionsmöglichkeiten haben das »Be-eltern der Eltern« zum Ziel. So sollen die intuitiven Kompetenzen verbessert, der traumatische Hintergrund aufgehellt und die malignen Deutungen und Fehlzuschreibungen gegenüber dem kindlichen Verhalten verbessert und der Realität entsprechender gestaltet werden. Mentalisierungsbasierte Ansätze, Trainingsansätze zur emotionalen Regulation und videobasierte Ansätze zur Verbesserung der emotionalen Verfügbarkeit werden vorgestellt. Einer weiteren Verbreitung der Praxis einer Eltern-Kind-Behandlung wird das Wort geredet, denn noch ist eine breite gesellschaftliche Akzeptanz nicht gegeben und die Notwendigkeit solcher präventiver Maßnahmen bei den Krankenkassen nicht hoch im Kurs.

Ein spannendes Buch, das ein gravierendes gesellschaftliches Problem auf den Punkt bringt und für alle therapeutisch Tätigen bedeutungsvoll sein kann.

Franz Resch und Inge Seiffge-Krenke

Einleitung

Dieses Buch fokussiert die Mechanismen der transgenerationalen Weitergabe von Interaktions- und Misshandlungserfahrungen und ist aus der langjährigen wissenschaftlichen und klinischen Arbeit mit misshandlungserfahrenen Eltern und Kindern erwachsen. Frühe Gewalterfahrungen können schwerwiegende und lang anhaltende Auswirkungen auf die direkt Betroffenen, aber auch auf die nächste Generation haben.

Dabei wird zunächst die Bedeutung der transgenerationalen Interaktion für die seelische Entwicklung übersichtsweise dargelegt und im folgenden Kapitel die besondere Phänomenologie und Prävalenz des Misshandlungstraumas in den Blick genommen. Die bedeutsamen Komponenten der gesunden Mutter-Kind-Interaktion werden dafür am Anfang in einer kurzen Übersicht aufgeführt, damit die im anschließenden Kapitel dargestellten Abweichungen – vor allem die für den Misshandlungskontext spezifischen – verständlicher werden. Aufgrund der hohen Transmissionsrate interaktioneller Besonderheiten von einer in die nächste Generation, die insbesondere im Fall von Misshandlung eine frühe Prä- oder Intervention erfordert, hat sich die Forschung in jüngster Zeit mit den Abweichungen von Endokrinologie, Entwicklung und Interaktion im Misshandlungskontext beschäftigt, die in den folgenden Abschnitten dargestellt werden. Die neuen Befunde und Ergebnisse eigener DFG-Projekte mündeten dabei in die multizentrische Studie UBICA (Understanding and Breaking the Intergenerational Cycle of Abuse), welche vom Bundesministerium für Bildung und Forschung gefördert wird und die transgenerationale Weitergabe von Misshandlungserfahrungen über zehn Jahre hinweg aus epigenetischer, interaktioneller, neuropsychologischer, endokrinologischer und neuroradiologischer Perspektive untersucht.

Diese wissenschaftlichen Hintergrundinformationen werden im darauffolgenden Kapitel anhand eines Fallbeispiels mit Leben gefüllt: Dem Kind wird eine Täterrolle zugeschrieben – durch eine Psychodynamik, die im Folgenden erörtert wird. Ein weiteres Fallbeispiel illustriert einen anderen möglichen psychodynamischen Weg: Das Kind der misshandelten Mutter wird in eine Opfer- und Täterrolle gebracht. Hier sind ähnliche, aber nicht identische Mechanismen am Werk, deren Erläuterung deutlich macht, dass Gewalterfahrungen unterschiedliche Wege von einer in die nächste Generation nehmen können.

Abschließend werden Möglichkeiten von Prävention und Intervention geschildert, die dringend ausgebaut werden müssen, um den – aus wissenschaftlicher Sicht vorhersehbaren und epidemiologisch so häufigen – Misshandlungskreislauf zu durchbrechen.

Der letzte Teil des Buches fokussiert daher dringend notwendige Präventions- und Interventionsansätze, die im Sinne des Kinderschutzes möglichst frühzeitig, niederschwellig und flächendeckend implementiert werden sollten.

1 Mutter-Kind-Interaktion und Bindung

Die Geburt eines Kindes bedeutet einen Wendepunkt im Leben einer Frau. Erfährt das Kind während des ersten Lebensjahres, dass es sich auf die Nähe und Fürsorge der Bezugsperson verlassen kann und diese auf das Kind angemessen eingeht, entwickelt es eine sichere Bindungsbeziehung zu dieser Person.

Die Bezugsperson wird bei Kindern mit einer sicheren Bindung als eine verlässliche Basis angesehen. Zum einen können sie sich von der Mutter bzw. der Bezugsperson entfernen, zum anderen jederzeit in bedrohlichen Situationen zurückkehren, um Schutz und Geborgenheit zu erfahren. Somit ist eine Balance zwischen Bindungs- und Explorationsverhalten gewährleistet (Aschersleben, 2006). In Anbetracht dessen, dass die Bindungsqualität die Handlungsweise des Kindes determiniert, ist wohl anzunehmen, dass die Beziehung zwischen Bezugsperson und dem Säugling die erste und wahrscheinlich wichtigste Beziehung im Leben eines Menschen ist. Es ist somit zu erwarten, dass die weitere Entwicklung des Kindes in allen Bereichen dadurch beeinflusst wird. Die frühkindliche Bindung setzt die Grundsteine für die spätere Entwicklung, und Dornes (1993) hat beschrieben, dass die Zuneigung einer Mutter einen enormen Einfluss auf die Funktion des menschlichen Babygehirns hat. Umgekehrt haben das Kind und die seelische Situation einer Mutter auch Einfluss auf die Interaktion und das mütterliche Bonding (Möhler, Brunner, Wiebel, Reck u. Resch, 2006a). Bonding bedeutet positives emotionales Empfinden der Mutter gegenüber dem Kind.

Es kann sich zwischen Mutter und Kind allerdings keine sichere Bindung entwickeln, wenn das Kind in bedrohlichen Situationen auf sich allein gestellt ist und die Reaktionen der Bindungsperson nicht einschätzen kann, keine angemessene Fürsorge der Bezugsperson und kein stabiles, feinfühliges Pflegeverhalten erfährt (Gloger-Tippelt u. König, 2009). So werden die Zurückweisung, Nichtbeachtung und Vernachlässigung der kindlichen Signale als Hintergrund eines vermeidenden Bindungsmusters aufseiten des Kindes betrachtet, und eine unzuverlässige und unbeständige Betreuung wird mit dem ambivalenten Muster in Verbindung gebracht (Gervai, 2009). Für ein desorganisiertes Bindungsmuster werden unter anderem ein extrem ambivalentes Agieren der Bezugsperson und plötzlich ängstigendes oder ängstliches Verhalten gegenüber dem Kind als Auslöser angesehen (Buchheim, Strauß u. Kächele, 2002).

Gemäß vielen Untersuchungen (z. B. Engfer u. Gavranidou, 1987; Kumar, 1997) wird die Hirnentwicklung von Säuglingen ganz entscheidend von der Elternliebe geprägt. Wo sie fehlt, kann sich das Nervensystem nicht optimal entwickeln. Frühe Bindungserfahrungen des Kindes haben einen großen Einfluss auf seine physiologischen Systeme, da sie unreif und empfindlich sind. Insbesondere können bestimmte biochemische Systeme einen unliebsamen Weg nehmen, wenn die frühen Erfahrungen problematisch sind. Sowohl die Stressreaktion als auch andere Neuropeptide des emotionalen Systems können ungünstig beeinflusst werden.

In Bezug auf die Funktionstüchtigkeit des kindlichen Gehirns und der Mutter-Kind-Beziehung haben Untersuchungen gezeigt, dass eine gute emotionale Abstimmung zwischen Mutter und Kind dazu führt, dass sich wichtige Schaltkreise im Gehirn herausbilden, die dem Kind helfen, sich emotional zu stabilisieren. Insbesondere das für emotionale Verhaltenssteuerung und Lernprozesse essenzielle limbische System und dessen Verbindung zu präfrontalen kortikalen Arealen organisieren sich durch eine sichere Bindung (Braun, Rether, Gröger u. Bock, 2014).

Untersuchungen an verschiedenen Tiermodellen zeigen, dass bereits geringe Variationen in der Intensität der Mutter-Kind-Interaktion Auswirkungen auf die funktionelle Reifung des emotionalen, limbischen Systems haben und damit langfristige Veränderungen im Verschaltungsmuster und Störungen der Emotionsregulation verursachen können (Möhler, Kagan, Parzer, Wiebel, Brunner u. Resch, 2006b; Möhler et al., 2009). Die selbstständige Emotionsregulation des Kindes ist dabei entscheidend für seine Verhaltensentwicklung, da sie ein Reaktionsmuster für das gesamte Leben formt. Dies wäre somit eine der größten Leistungen in der frühen Kindheit (Ahnert, 2008). Des Weiteren wird durch die Regulierung des emotionalen Sicherheitsgefühls des Kindes eine sichere Basis zur Erkundung der physischen und sozialen Umgebung hergestellt (Bowlby, 1969). Der Mangel an mütterlicher Fürsorge wirkt sich nachhaltig auf neuronale Systeme aus, welche die Stressempfindlichkeit erhöhen. Damit erhöht sich aber auch die Wahrscheinlichkeit, an stressbedingten psychosomatischen Störungen zu erkranken (van der Kolk, 1997).

Die hier zitierten Untersuchungen beschäftigen sich im Wesentlichen mit der *Mutter*-Kind-Beziehung und -Interaktion, was daran liegt, dass sich die Bindungsforschung stark auf das Verhalten der Mütter konzentriert hat, zunehmend aber werden ähnliche Befunde auch für die Vater-Kind-Beziehung veröffentlicht (Feldmann, Braun u. Champagnes, 2019).

Zusammenfassend kann gesagt werden, dass frühkindliche Erfahrungen und daraus resultierende Bindungstypen biologisch-physiologische Faktoren beeinflussen und im Zusammenspiel mit dem Erbgut langfristige Veränderungen verursachen können, die die emotionale und sozial-kognitive Entwicklung des Kindes im weiteren Leben prägen.

Inzwischen wurde auch nachgewiesen, dass ein klarer Zusammenhang zwischen Bindung und kognitiver Entwicklung besteht, und dies – wie neuere Studien belegen – bereits zu einem sehr frühen Zeitpunkt, nämlich im ersten Lebensjahr. Ein aktives Explorationsverhalten des Kindes bzw. die Balance zwischen Bindung und Exploration und die daraus folgende Erkundung der Umwelt zeichnet eine sichere Bindung aus und ist somit Grundlage für das Lernen. Aschersleben (2006) weist auf verschiedene Hypothesen bezüglich der

Erklärung des Einflusses der Mutter-Kind-Bindung auf die kognitive Entwicklung hin, fokussiert unterschiedliche Faktoren, die sich gegenseitig nicht ausschließen, und kommt zu dem Ergebnis, dass eine sichere Bindung in multifaktorieller Weise sich stimulierend auf die kognitive Entwicklung von Kindern auswirkt. Sicher gebundene Kinder können sich in kognitiven Anforderungssituationen besser konzentrieren, sind emotional und motivational stabiler und zeigen mehr Kooperation gegenüber anderen Personen sowie bei neuen Aufgaben mehr Frustrationstoleranz und Ausdauer (Übersicht: Resch, Parzer u. Brunner, 1996). In einer Studie mit rumänischen Heimkindern zeigte sich, dass eine stabile emotionale Beziehung zu einer Bezugsperson die kognitive und sozioemotionale Entwicklung der Kinder fördert (Buchheim et al., 2002)

Zusammengefasst spielt also für die gesunde kindliche Entwicklung die Eltern-Kind-Beziehung eine bedeutende Rolle und beeinflusst dadurch die Kompetenzen des Kindes hinsichtlich Emotion, Kognition und Sozialverhalten. In diesem Sinne müssen die Faktoren, die Auswirkungen auf diese Beziehung haben können, beachtet, optimiert oder gegebenenfalls beseitigt werden.

2 Elterliche Kompetenzen und kindliche Entwicklung

Die Entwicklung eines Kindes ist nicht rein genetisch determiniert. Sie wird gleichfalls beeinflusst durch die Eltern-Kind-Interaktion und den Erziehungsstil, aber auch durch prä- und postnatale biologische Faktoren wie Krankheiten und Ernährungsstatus sowie durch Förderung und Ausbildung. In den Ausführungen von Klauer (1998) wird hervorgehoben, dass die Unterschiede zwischen den Familien (z. B. sozioökonomischer Status) nur in geringem Maß zur Varianzaufklärung beitragen. Viel relevanter werden die Umwelteinflüsse innerhalb der Familie eingeschätzt, etwa die Beziehungen zwischen Eltern und Kindern und die Beziehungen der Geschwister untereinander.

Lieselotte Ahnert (2008) diskutiert, wie verschiedene Faktoren bis in die Familien hinein wirken können und dadurch einen erheblichen Einfluss darauf haben, wie Mütter mit ihren Kindern umgehen. Verschiedene Traditionen, Familienleitbilder und Erziehungspraktiken, die insbesondere von religiösen Einflüssen geprägt sind, können für die Entstehung einer Bindungsqualität verantwortlich sein. Auch widrige Lebensumstände wie massive sozialpolitische Veränderungen können die Mutter-Kind-Beziehung beeinträchtigen.

Innerhalb der Familie sind die Sensitivität, Strukturierungsfähigkeit und Responsivität als entscheidende mütterliche Interaktionsmerkmale für eine sichere Bindung unabdingbar. Winnicotts (1965) Begriff der »primären Mütterlichkeit« (primary maternal preoccupation) bezieht sich auf einen psychischen Zustand, der sich bei werdenden Müttern im Laufe der Schwangerschaft einstellt und dazu führt, dass die Aufmerksamkeit der Mutter zunehmend auf ihr Kind gerichtet ist. Die »primary maternal preoccupation« befähigt die

Mutter, sich nach der Entbindung in ihr Kind einzufühlen und eine fürsorgliche Zuwendung aufzubauen, die genau auf die Bedürfnisse und das Erleben des Kindes abgestimmt ist (Hinde, 1976; Zeanah, Scheeringa, Boris, Heller, Smyke u. Trapani, 2004).

In ähnlicher Weise äußert sich Papoušek (Papoušek, Schieche u. Wurmser, 2004) zu diesem Thema, in dem sie ausführt, wie Eltern eines Säuglings mit Verhaltensdispositionen bzw. »intuitiven elterlichen Kompetenzen« ausgestattet sind und somit in die Lage versetzt werden, ihr Verhalten intuitiv zu jeder Zeit auf die Bedürfnisse, Voraussetzungen und den Entwicklungsstand ihres Babys abzustimmen. Diese »universellen Verhaltensbereitschaften« sind komplementär zu den frühen Interaktionsfähigkeiten des Säuglings angelegt und kulturunabhängig vorhanden. Intuitive Kompetenzen verhelfen Eltern dazu, ihre Botschaften dem Baby verständlich zu machen (z. B. durch Ammensprache) und umgekehrt aus dem Interaktionsverhalten des Kindes Hinweise auf selbstregulatorische Fähigkeiten und Schwierigkeiten, Vorlieben und Interessen abzulesen (Papoušek et al., 2004).

Insbesondere zeichnen sich die unbewussten Anpassungsleistungen der Mütter gegenüber ihren Kindern bei der sprachlichen Adaptation aus, die wichtig für die frühen Lernprozesse sind. Diese Veränderung der Sprachweise, die sogenannte Ammensprache (Baby Talk), ist genau auf die Präferenzen und Unterscheidungsfähigkeit des Kindes abgestimmt. Die Mutter spricht automatisch in einer höheren Stimmlage, und ihre Sprechweise ist langsamer, melodisch und eher repetitiv, mit übertrieben wirkendem mimischem Gesichtsausdruck und Intonation. Sie dient dazu, Anregung oder Beruhigung beim Säugling hervorzurufen, und unterstützt die Regulierung seiner emotionalen Verfassung (Hinde, 1976).

Voraussetzung für die Auslösung der intuitiven elterlichen Kompetenzen ist, dass die Eltern auf ihre eigenen Fähigkeiten vertrauen und bereit sind, sich auf die präverbale Kommunikation mit ihrem Kind einzulassen, dass sie emotional verfügbar sind, mit ihrem Kind »mitschwingen« und sich so von seinen Signalen leiten lassen (Papoušek et al., 2004). Diese elterlichen Verhaltensweisen sind auch für die Entwicklung der kommunikativen Fähigkeiten des Säuglings und somit für den Spracherwerb förderlich (Dornes, 2000).

Aus diesen Untersuchungen wird deutlich, dass die Interaktion in der frühen Kindheit entscheidend für die Entwicklung des Kindes ist. Was passiert nun, wenn ein oder beide Elternteile Misshandlungserfahrungen haben?

3 Phänomenologie und Epidemiologie des Misshandlungstraumas

Frühe Gewalterfahrungen haben eine hohe Prävalenz. Ein Bericht der Weltgesundheitsorganisation schätzt, dass 25 Prozent aller Kinder weltweit von Missbrauch und Misshandlung betroffen sind. Stoltenborgh, Bakermans-Kranenburg, Alink und van IJzendoorn (2015) berichten in ihrer 244 Publikationen umfassenden Metaanalyse geschätzte globale Raten von 12,7 Prozent für sexuellen Missbrauch, 22,6 Prozent für körperliche Misshandlung, 36,3 Prozent für emotionale Misshandlung, 16,3 Prozent für körperliche Vernachlässigung und 18,4 Prozent für emotionale Vernachlässigung. Auch in Deutschland sind die Zahlen früher Gewalterfahrungen hoch: In einer großen repräsentativen deutschen Stichprobe berichten 12,0 Prozent von körperlicher Misshandlung und 12,6 Prozent von sexuellem Missbrauch in der Kindheit. Die Auswirkungen früher Gewalterfahrungen reichen von einem erhöhten Risiko für körperliche Erkrankungen, wie kardiovaskuläre, bis zu einem hohen Risiko für psychische Störungen.

Frühe Gewalterfahrungen nehmen in besonderer Weise Einfluss auf die Entwicklung sozial-kognitiver Funktionen wie Empathie und Theory of Mind (ToM). Empathie beschreibt eine emotionale Reaktion auf die wahrgenommene Situation einer anderen Person. Mütter mit frühen Gewalterfahrungen neigen zu einer dauernden emotionalen Übererregung und erhöhten Impulsivität (Möhler, Matheis, Reck, Cierpka u. Resch, 2008; Rothenberger, Resch, Doszpod u. Moehler, 2011).

Zudem konnte gezeigt werden, dass Frauen mit einer posttraumatischen Belastungsstörung, die auf frühe Gewalterfahrungen zurückgeht, weniger Mitgefühl für andere zeigen, jedoch mit einem erhöhten eigenen Leiden reagieren, wenn sie andere in Notsituationen erleben. Besonders bedeutsam ist dabei, dass die Theory of Mind oder Mentalisierung (Begriffe, die häufig synonym verwendet werden), also die Fähigkeit, die Absichten und Gefühle oder allgemein die mentalen Zustände anderer zu verstehen, reduziert zu sein scheint bei Menschen mit frühen Gewalterfahrungen (Neukel et al., 2018b).

Im Folgenden werden die Besonderheiten des Misshandlungstraumas aufgeführt, um dadurch den Einfluss auf das Interaktionsgefüge ableiten zu können, der sich in den späteren Fallbeispielen manifestiert.

Medizinisch definiert ein Trauma größere körperliche Verletzungen oder Wunden und kann psychologisch analog als »seelische Wunde« beschrieben werden. Ein Trauma kann durch ein Ereignis oder durch mehrere extrem bedrohliche Erlebnisse verursacht werden, was zu einer tiefgehenden Erschütterung führt (Dixius u. Möhler, 2019).

Misshandlung fällt dabei unter das Typ-II-Trauma. Typ-II-Traumata beschreiben sogenannte Man-Made-Disasters – von Menschen verursachte Traumata wie etwa Kindesmisshandlung, intrafamiliäre Gewalt, sexuellen Missbrauch, schwere Vernachlässigung. Diese sind besonders gravierend, da sie das basale Sicherheitsbedürfnis erschüttern, das Vertrauen zu anderen Menschen. Die von Menschen erzeugten Traumata sind häufig die Ursache einer schwerwiegenden, meist komplexen Traumatisierung oder einer PTBS (posttraumatische Belastungsstörung).

Die Ausprägung von Traumafolgen ist vom Entwicklungsstand und Alter des Kindes oder des Jugendlichen abhängig. Bei jüngeren Kindern sind Misshandlungserlebnisse oder Aspekte davon oft in Spielszenen wiederzuerkennen. Albträume können ohne erinnerbaren Inhalt auftreten. Das Zusammenspiel von (Gehirn-)Entwicklung und Stressfaktoren und deren Interpretation sowie der Verarbeitung von traumatischen Ereignissen ist abhängig vom Entwicklungsstand des Kindes. Beobachtbare Symptome drücken sich zusätzlich in Rückzugsverhalten, Schlafstörungen, Konzentrationsstörungen, Trennungsängsten, Reizbarkeit, Wutausbrüchen, neu auftretenden Ängsten, externalisierenden Verhaltensproblemen und einem Verlust von schon erworbenen Fähigkeiten aus. Zudem kann ein Zurückfallen in vergangenes Verhalten, wie erneutes Einnässen, Babysprache oder häufiges Weinen, bei Kindern beobachtet werden. Sekundäre Stressoren, veränderte Lebensumstände, Beziehungsabbrüche und Trennungen oder auch psychisch belastete oder erkrankte Eltern spielen eine wichtige Rolle für die Entwicklung von psychischen Belastungen bzw. für die Erhöhung der Vulnerabilität bei Kindern.

Bei älteren Kindern, Jugendlichen und Erwachsenen sind unter anderem dissoziative Zustände, Flashbacks, Vermeidungsverhalten, Entwicklung intensiver Ängste, somatoforme Beschwerden, emotionale Dysregulation, Depressionen, aggressive und impulsive Verhaltensweisen, Schlafstörungen, Albträume, selbstverletzendes Verhalten, reduzierte Belastungstoleranz, Drogenkonsum und Suizidgedanken zu beobachten. Fehlende soziale und familiäre Bezüge begünstigen die Entwicklung einer posttraumatischen Belastungsstörung (PTBS).

Kinder und Jugendliche, denen durch Misshandlungserfahrungen buchstäblich »der Boden unter den Füßen weggezogen wurde«, versuchen häufig mit viel Angst und Mut, ins Leben (zurück) zu finden. Einem hohen Anteil solcher Kinder und Jugendlichen begegnen wir in unserer Arbeit in der Jugendhilfe und in therapeutischen Kontexten und Kliniken. Resilienzfaktoren, Stärken und individuelle Ressourcen, aber auch gute therapeutische Begleitung spielen eine große Rolle bei der Krisenbewältigung und schützen vor dauerhafter Erkrankung oder starken Einschränkungen des Funktionsniveaus.

Bereits in der Kindheit erlebte Misshandlungen sind oft existenziell bedrohliche Erlebnisse und können ihre Spuren während der gesamten Entwicklung hinterlassen, stressbedingte Störungen aller Art nach sich ziehen und im Erwachsenenalter den Gesundheitszustand beeinträchtigen. Diese Vielfalt an möglichen Folgestörungen nennt sich traumabedingte Entwicklungsheterotopie (Schmid, Fegert u. Petermann, 2010).

Das emotionale Erleben von misshandelten Personen ist häufig durch intensive Angst, Schuld, Scham, Traurigkeit, Ärger oder auch emotionale Taubheit geprägt, häufig existieren Entfremdungsgefühle, sozialer Rückzug, Symptome autonomer Übererregung, beispielsweise eine erhöhte Reaktionsbereitschaft, starke Schreckreaktionen, Reizbarkeit, Konzentrationsprobleme, Schlafstörungen und Albträume. Aber auch selbstverletzendes Verhalten, Suizidalität, Dissoziationen können als Folge eines Traumas auftreten (Möhler et al., 2009).

Traumatische Belastungen haben Auswirkungen auf die psychosoziale Entwicklung von Kindern und Jugendlichen. Existenziell bedrohliche Lebensereignisse beeinflussen den psychischen und auch körperlichen Gesundheitszustand. Häufig fühlen sich Menschen nach einem erlebten traumatisierenden Ereignis sehr verändert. Dabei können Bereiche der Gefühlswahrnehmung, des Denkens, des Verhaltens und der Körperwahrnehmung beeinträchtigt sein. Manchmal können ungesteuert, willkürlich und plötzlich belastende »innere Bilder« oder »innere Filme« mit traumaassoziierten Inhalten auftreten. Selbst Stimmen, Gerüche, Körpersensationen, Geräusche und Gedanken, die mit dem traumatischen Ereignis gekoppelt sind, führen zu Beeinträchtigungen im Erleben und Verhalten. Letztlich reagieren Psyche und Körper auf einen erlebten Ausnahmezustand. Dies kann als Reaktion beschrieben werden, um mit dem »unfassbaren« traumatisierenden Ereignis einen Umgang zu finden. Plötzlich erscheint das Leben aus der Balance geraten.

4 Neurobiologie des Misshandlungstraumas

Misshandlungserfahrungen hinterlassen dauerhafte Spuren im Gehirn. Der Hippocampus ist für das Speichern von Ereignissen im *deklarativen Gedächtnis* wichtig. Das deklarative Gedächtnis, auch »kaltes Gedächtnis« genannt, speichert Informationen und die Zusammenhänge von Ereignissen wie Zeit, Ort und Ablauf des Erlebten. Eine Einordnung in autobiografische Zusammenhänge wird so möglich. Ist aber durch Bedrohungsempfinden das Notfallprogramm – »Fight-Flight-Fright« – über den Mandelkern, die sogenannte Amygdala, aktiviert, finden die Speicherprozesse nicht immer korrekt statt, da die Informationsweiterleitung zum Hippocampus partiell unterbunden wird. Das *nondeklarative Gedächtnis* (»heißes Gedächtnis«) speichert körperliche Reaktionen, Verhaltensweisen, Gefühle und Sinneseindrücke.

Während eines bedrohlichen Ereignisses prägen sich Sinneswahrnehmungen wie Geräusche, Gerüche, Bilder und Körpersensationen intensiv in das Gedächtnis ein. Da im »Notfallprogramm« die Weiterleitung des Erlebten nicht an den Hippocampus verläuft, werden die Erinnerungen als einzelne Fragmente oder »Erinnerungsfetzen« der peritraumatischen Phase, vor allem an Geräusche, Gerüche, Bilder, gespeichert. Der Prozess ist mit intensiven Gefühlen und physiologischen Reaktionen verbunden. Die Informationsweitergabe von Amygdala zum Hippocampus ist in traumatischen Misshandlungssituationen gestört, weil die Amygdala übermäßig aktiviert wird. Stresshormone hemmen dann die Aktivität des Hippocampus – dieser wird zugunsten lebensrettender Mechanismen quasi umgangen. Das hat zur Folge, dass das traumatische Ereignis unter Umständen nicht so gut im deklarativen Gedächtnis gespeichert wird und somit auch die zeitliche und räumliche Einordnung nicht im autobiografischen Kontext erinnert werden kann. Das erlebte Trauma kann so *nicht kohärent der Vergangenheit* zugeordnet werden.

Das nondeklarative Gedächtnis hingegen ist nicht eingeschränkt. Gefühle, Sinneseindrücke und körperliche Reaktionen, wie etwa die erhöhte Herzfrequenz oder Pulsrate, werden fragmentiert gespeichert und können später durch Triggerreize immer wieder zu ungewollten, intrusiven Wiedererinnerungen aktiviert werden. Das bedrohliche Ereignis wird als gegenwärtig im »Hier und Jetzt« (»hot memory«) erlebt.

Dass das Schreien eines Kindes ein Triggerreiz sein könnte, der bei misshandelten Eltern das »hot memory« mit entsprechenden Körperreaktionen wie Herzrasen und vegetativer Übererregung auslöst, ist eine naheliegende Vermutung, die sich durch zahlreiche Befunde erhärtet. Einige Autoren und Autorinnen, zum Beispiel Casanova, Domanic, McCanne und Milner (1994), zeigen, dass misshandlungserfahrene Mütter sehr häufig mit Herzrasen und vegetativen Erregungszeichen reagieren, wenn ihr Kind schreit.

Schechter et al. (2015) konnten zeigen, dass misshandelte Mütter beim Schreien ihres Kindes wesentlich mehr als Mütter der Kontrollgruppe die Amygdala aktivieren, die für die Fight-Flight-Fright-Mechanismen zuständig ist, und weniger ihre kortikalen Areale, mit denen Mütter der Kontrollgruppe vermehrt reagieren und reflektieren können, was dem Kind fehlt, um Abhilfe zu schaffen. Diese kognitive Bewältigungsmöglichkeit eines kindlichen Stresszustands scheint auf neurobiologischer Ebene deutlich eingeschränkt bei schwer misshandlungserfahrenen Müttern, insbesondere wenn das Schreien des Kindes als Triggerreiz nicht integrierte Erinnerungsfetzen an vergangene, eventuell auch von Schreien begleitete Gewalterfahrungen wachruft.

Ein Trauma könnte also als das Zusammenwirken eines als lebensbedrohlich bewerteten Ereignisses mit den dazugehörenden überwältigenden Gefühlen von Angst, Ausgeliefertsein und Bedrohung verstanden werden. Resch, Brunner und Parzer (1998) beschreiben ein psychisches Trauma als Diskrepanzerlebnis zwischen bedrohlichem Ereignis und individuellen Bewältigungsmöglichkeiten, wie es Misshandlungsopfer regelmäßig erleben. Gefühle und das Erlebte werden quasi als nicht verkraftbar erlebt und in der traumatisierenden Phase in fragmentierten Erinnerungsbruchstücken im Gedächtnis abgelegt. Ein Trauma ist also nicht das Ereignis an sich und entsteht auch nicht zwingend durch die ausgelöste Notfallreaktion. Die Entstehung eines Traumas hängt vielmehr davon ab, inwiefern Verarbeitungsprozesse nach dem Ereignis einsetzen können.

Ehlers und Clark (2000) erklären mit ihrem kognitiv-behavioralen Störungsmodell, warum intensive Angst und Bedrohungsempfindungen auch anhaltend nach dem erlebten Trauma erhalten bleiben. Da die Traumaerinnerungen nicht im deklarativen Gedächtnis abgespeichert wurden, können sie auch nicht der Vergangenheit zugeordnet werden. Lösen nun Schlüsselreize intrusives Wiedererleben aus, so wird dies gegenwärtig als reale Bedrohung wahrgenommen. Das Wiedererleben ist dabei meist intensiv und von starken Gefühlen wie Todesangst und intensiven Körperreaktionen, etwa Herzrasen, begleitet. Das Trauma wird also in sensorischen Eindrücken (Bilder, Geräusche, Geruch, Geschmack) und körperlichen Reaktionen wiedererinnert. Die Intensität des Traumaerlebens wird durch die Bewertung bzw. Interpretation des Traumas beeinflusst und kann die Häufigkeit der Erinnerungen erhöhen.

Dies macht verständlich, warum etwa kindliches Schreien körperliche Traumaerinnerungen wachrufen kann und somit eine ganze Kaskade elterlicher körperlicher Reaktionen einschließlich eines vegetativen Bedrohungserlebens, wenn die Eltern ein Misshandlungstrauma haben.

5 Misshandlung und Transmission

Möhler, Parzer, Brunner, Wiebel und Resch (2006c) sowie Rothenberger, Möhler und Resch (2011) konnten in einer prospektiven Studie zeigen, dass »Early Life Stress« (ELS) die Cortisolausschüttung aktiviert und dass dieses die Verhaltenshemmung von Kleinkindern und deren Umgang mit neuen Reizen verändert. Dies lässt sich mittlerweile einordnen in einen ganzen Forschungsstrang zum Early Life Stress (Übersicht z. B. Lahti et al., 2017; Nolvi et al., 2016), in dem sich die Hinweise mehren, dass Stress in der frühen Kindheit mit einem späteren Risiko für psychische Störungen einhergeht. Vorrangiger Befund ist ein Einfluss auf Selbstregulation und Exekutivfunktionen, sodass aktuell der Early Life Stress von vielen Autorinnen und Autoren als ausgesprochen wichtiger Prädiktor für die spätere Entwicklung identifiziert wird (Korja et al., 2017; van den Bergh et al., 2017). Den Ausgang fand dies unter anderem auch in der Arbeitsgruppe von Heim und Nemeroff (2009), die die neurobiologischen Veränderungen und psychopathologischen Konsequenzen im Zusammenhang mit früh einsetzenden aversiven Entwicklungsbedingungen belegen konnten.

Auch de Bellis (2001) hat in seinen umfassenden Arbeiten die Konsequenzen traumatischen Stresserlebens auf die Gehirnentwicklung untersucht und stressinduzierte Störungen der Gehirnreifung nachgewiesen. Untersuchungen am Tiermodell (Gorman et al., 2002) konnten nachweisen, dass postnatale Stressbedingungen zu überdauernden Veränderungen in der Regulation der Neurotransmission der biogenen Amine führen – verbunden mit einer Störung der exekutiven Funktionen. Ebenso wurde der Nachweis erbracht, dass chronische Stressbedingungen zu einer überdauernden Änderung der neuroendokrinen Stressreaktivität führen (Poustka, Banaschewski, Möhler u. Ludolph, 2011; Liu, Caldji, Sharma, Plotzky u. Meaney, 2000) und gleichzeitig mit Störungen der exekutiven Kontrolle verbunden sind (Lyons, Lopez, Yang u. Schatzberg, 2000).

So bestehen zunehmend Hinweise darauf, dass Umweltbedingungen die adrenale Entwicklung und Sekretion stören, was wiederum Auswirkungen auf Hirnreifungsprozesse hat (Mirescu, Peters u. Gould, 2004; Sanchez, Ladd u. Plotsky, 2001). Insbesondere die ersten Lebensjahre stellen durch das besonders starke Gehirnwachstum eine Phase stark erhöhter zerebraler Umgebungssensitivität (O'Donnell u. Meaney, 2017) dar. Somit sind stressbedingte strukturelle hirnphysiologische Veränderungen vulnerabler Bereiche mit entsprechenden psychopathologischen Konsequenzen denkbar.

Es ist beschrieben, dass Cortisol und Katecholamine über eine *funktionelle* Störung des präfrontalen Kortex ähnliche Symptome hervorrufen konnten, wie sie von *strukturellen* Schädigungen präfrontaler Areale bekannt sind: verminderte Aufmerksamkeitskapazität, impulsives Verhalten und Hyperaktivität (Arnsten, 1999; Arnsten u. Goldman-Rakic, 1998). Mittlerweile ist die Cortisol- und Katecholaminsensitivität frontolimbischer Strukturen eine mehrfach replizierte Erkenntnis (Thijssen et al., 2017). Posner und Rothbarth (2009) stellen Befunde zusammen, die hier auch den Sitz der Exekutivfunktionen und der Emotionsregulation belegen.

Da die längsschnittliche Bedeutung von Exekutivfunktionen wie Impulskontrolle und Selbstregulation im Kindergartenalter durch zahlreiche hochrangige Studien belegt ist (Bridgett, Burt, Edwards u. Deater-Deckard, 2015; Nigg, 2017), erscheint es in präventiver Hinsicht besonders wichtig, Faktoren, die auf die Exekutivfunktionen Einfluss nehmen, genauer zu fokussieren. Insbesondere dann, wenn es sich, wie bei kindlichem Stress und Misshandlungstrauma, um verhinderbare oder zumindest verminderbare Einflussgrößen handelt.

Wir finden also, zusammengefasst, einen Zusammenhang zwischen früh erlebtem Stress und hirnorganisch-strukturell geschädigter

Emotionsregulation und Impulskontrolle, die sich natürlich auf das Verhalten auswirken, das ein misshandeltes Kind später zeigt. Insbesondere wenn misshandelte Kinder Eltern werden, ist dieser hirnorganisch-biologische Aspekt der vermutlich gestörten Impulskontrolle und Emotionsregulation nicht zu vernachlässigen, sondern in die Prävention einzubeziehen.

5.1 Misshandlung und Interaktion

Wenn Eltern das Schreien ihres jungen Kindes durch das oben erwähnte Traumagedächtnis vegetativ als eine extrem bedrohliche oder lebensbedrohliche Situation erleben und ein Gefühl der Hilflosigkeit und starker Angst vorherrscht, setzt das Notfallprogramm ein. Van der Kolk (van der Kolk, Roth, Pelcovitz, Sunday u. Spinazzola, 2005) wählt eine einfache Metapher zur Beschreibung des Zusammenwirkens von Amygdala und präfrontalem Kortex: Die Amygdala fungiert als »Rauchmelder« und der präfrontale Kortex als »Überwachungszentrale«. Die Amygdala reagiert sehr schnell auf den Reiz »Rauch« und löst sofort Alarm aus. Der präfrontale Kortex übernimmt die Top-down-Regulation dieses Alarms und verhindert so überschießende oder unangebrachte Reaktionen.

Was kann nun aber bei Menschen mit Misshandlungserfahrung, bei denen dieser Austausch zwischen Hirnfunktionen blockiert ist, passieren? Aus neutralen, ungefährlichen Reizen lösen Triggerreize – wie etwa ein schreiendes Baby, das an alte, mit Schreien verbundene Gewaltsituationen erinnert – über die Amygdala eine rasche und automatisierte Reaktion des Körpers aus. Die Rückkopplung zwischen Amygdala und Thalamus ist blockiert oder gestört. Das bewirkt, dass eine Mutter mit Misshandlungserfahrungen durch die Vitalität ihres Kindes – Schreien, Bewegung, evtl. Schlagen, Stoßen – »getriggert« wird, das heißt, die vitalen Äußerungen des Kindes sind für die Amygdala einer misshandelten Mutter eventuell ehemals traumaassoziierte Schlüsselreize, auf die sie mit Fight-Flight-Fright reagiert.

Schnell wird deutlich, dass hier mit einer möglichen Eskalation innerhalb der Beziehung, zumindest aber mit einem deutlich erhöhtem Stresserleben des misshandelten Elternteils im Vergleich zu einem nicht misshandelten zu rechnen ist, die im besten Fall zu einer Beeinträchtigung elterlicher Kompetenzen führt, im schlimmsten Fall zu einer elterlichen Kurzschlussreaktion und dem »Schließen« des Misshandlungszyklus.

Um der hohen Prävalenz früher Gewalterfahrungen Rechnung zu tragen und deren Auswirkungen auf die Betroffenen selbst, die Beziehung und Interaktion zwischen diesen und ihrem Kind und weitere Folgen für das Kind zu untersuchen, wurden mithilfe der Deutschen Forschungsgemeinschaft zunächst 120 Mutter-Kind-Dyaden mit Misshandlungshintergrund untersucht, hinsichtlich der Eltern-Kind-Interaktion ebenso wie hinsichtlich der kindlichen Entwicklung. Es zeigte sich, dass sich die Interaktion misshandlungserfahrener Mütter im ersten Lebenshalbjahr des Kindes nicht unterschied von den interaktionellen Kompetenzen nicht misshandelter Mütter (Möhler, Biringen u. Poustka, 2007). Am Beginn des zweiten Lebensjahres jedoch zeigten sich die Mütter deutlich intrusiver, mit drei Jahren waren sie zudem weniger sensitiv und feindseliger in der Interaktion als Mütter der Kontrollgruppe (Fuchs et al., 2016b).

Diese Ergebnisse erforderten weitere Untersuchungen und ermöglichten mit Unterstützung des Bundesministeriums für Bildung und Forschung die Bildung eines Multizentrischen Konsortiums. An der Charité Universitätsmedizin Berlin und an der Universitätsklinik Heidelberg wurden in diesem Rahmen dieselben und weitere Mütter mit Kindern zwischen fünf und zwölf Jahren untersucht. Eine Subgruppe dieser Mütter hatte frühe Gewalterfahrungen in Form von körperlicher Misshandlung und/oder sexuellem Missbrauch vor dem 18. Lebensjahr erlebt. Eine Vergleichsgruppe setzte sich aus Mutter-Kind-Dyaden zusammen, bei denen die Mütter keine solchen frühen Gewalterfahrungen erlebt hatten und die bis zum Erhebungszeitpunkt nie psychisch krank gewesen waren.

Es zeigten in unseren eigenen Untersuchungen Mütter mit frühen Gewalterfahrungen im Vergleich zu Müttern ohne frühe Gewalterfahrungen eine signifikant höhere Ausprägung einer unsicheren Bindung. Zudem sagten frühe Gewalterfahrungen die Ausprägung eines unsicheren Bindungsstils signifikant vorher (Dittrich et al., 2018) Mütter, die frühe Gewalterfahrungen gemacht hatten, berichteten in einem standardisierten Interview von einer stärker wahrgenommenen Einsamkeit in der Kindheit und von weniger Freunden als die Vergleichsgruppe. Jene Mütter mit frühen Gewalterfahrungen, die zusätzlich im Verlauf ihres Lebens eine psychische Störung entwickelt hatten, zeigten auch auf der Ebene der Persönlichkeitseigenschaften eine höhere Ausprägung von Neurotizismus und eine geringere Ausprägung von Extraversion sowie ein vulnerableres Bindungsverhalten als Mütter ohne Gewalterfahrungen (Bödeker, Fuchs, Führer, Möhler u. Resch, 2019). Auch im Bereich der sozial-kognitiven Funktionen konnten Defizite festgestellt werden: Mütter mit im Vergleich zu Müttern ohne frühe Gewalterfahrungen hatten im Trend eine niedrigere Empathiefähigkeit (Mielke, Neukel, Bertsch, Reck, Möhler u. Herpertz, 2018).

Diese Veränderungen, die auf frühere Erfahrungen der Mütter zurückgehen und bis in die Gegenwart andauern, können Auswirkungen auf die Mutter-Kind-Interaktion haben: Eine verringerte Empathiefähigkeit erschwert es der Mutter, Emotionen ihres Kindes mitfühlend wahrzunehmen und auf ihr Kind sensitiv einzugehen. Aufgrund ihres eigenen vulnerablen Bindungsstils fällt es den betroffenen Müttern ebenso schwerer, eine sichere Bindung zu ihrem Kind aufzubauen.

Eine geringe Sensitivität in der Interaktion mit dem eigenen Kind bedeutet, dass wenige oder keine Anzeichen einer positiven Kommunikation zwischen Mutter und Kind vorhanden sind, während eine sensitive Mutter eine positive, kongruente, authentische und kreative Kommunikation mit ihrem Kind herstellt und aufrechterhält (Möhler et al., 2007). Eine geringe mütterliche Sensitivität kann Auswirkungen auf die kindliche Entwicklung haben; so zeigen Kinder von gering sensitiven Müttern mehr Verhaltensauffälligkeiten und Defizite in sozialen Kompetenzen (Zeanah et al., 2004).

Was bedeutet es nun für die Sensitivität, wenn Mütter Gewalterfahrungen haben? Bekannt ist bisher, dass Mütter mit Gewalterfahrungen eine veränderte physiologische Reagibilität auf ihren Säugling zeigen, insbesondere auf das Schreien des Kindes (Casanova et al., 1994). Es gelingt ihnen weniger, emotionale Signale des Kindes korrekt zu identifizieren (Kropp u. Haynes, 1987). Auch zeigen sie weniger empathische Responsivität und geringere affektive Reagibilität als andere Mütter (Milner, Halsey u. Fultz, 1995). Diese Veränderung der Reagibilität und Interaktionsbereitschaft kann im Zusammenhang mit einer unsicheren Bindungsqualität gesehen werden. So fanden Crittenden, Patridge und Clausen (1991) in ihrer Untersuchung misshandelnder Mütter meist eine verstrickte Bindung dieser Mütter an den misshandelnden Elternteil, einhergehend mit einem intensiven Groll bei gleichzeitigem Bedürfnis, der betreffenden Bezugsperson alles recht zu machen.

Als weiteren in unseren Augen wesentlichen und bislang in der aktuellen Literatur vernachlässigten Aspekt der Transmission von Gewalterfahrungen erwähnten Steele und Pollock (1978) auch die Projektion negativer Selbstanteile misshandelter Eltern auf ihr Kind, welche insbesondere in der durch projektive Vorgänge stark geprägten Eltern-Kind-Beziehung bedeutsam werden kann. Ein besonderes Charakteristikum der frühen Eltern-Kind-Beziehung ist ja die Deutung des kindlichen Verhaltens durch die Eltern, was insbesondere in der frühen Kindheit in »fortwährender Überschätzung des Absichtselementes« (Hinde, 1976) geschieht und die Mutter-Kind-Interaktion in dieser Lebensphase konturiert. Dabei mischen sich elterliche Introjekte, die »Gespenster im Kinderzimmer« (Fraiberg, 1980), in den Dialog zwischen Eltern und Kind. Einige Autoren und Autorinnen bezeichnen diesen Prozess auch als Rückkehr der Eltern zur kindlichen Neurose, da die Inhalte der auf das Kind bezogenen Phantasien häufig belasteten Beziehungsmustern der elterlichen Vergangenheit entspringen und das Kind somit einen

Aspekt des Unbewussten eines Elternteils repräsentiert (Brazelton u. Cramer, 1989).

Für die kindliche Entwicklung ist dieser Vorgang insofern bedeutungsvoll, als die Reaktion der Mutter auf das Kind häufig der »hineininterpretierten Bedeutung des kindlichen Verhaltens« (Cramer, 1986) gilt. Dieser projektive Mechanismus dürfte sich insbesondere dann gravierend auf die Mutter-Kind-Beziehung auswirken, wenn die »Gespenster im Kinderzimmer« sehr negativ besetzte Bezugspersonen der Kindeseltern sind, die den Eltern in Gestalt ihres Kindes wiederzukehren scheinen (Möhler u. Resch, 2000; Rabain-Jamin, 1984). Die Fortpflanzung von schweren Beziehungs- und Bindungsstörungen und Misshandlungen in die nächste Generation kann daher in diesem frühen Stadium über die Projektion nicht nur negativer Selbstanteile, sondern auch der Elternrepräsentanzen geschehen (Möhler, Resch, Cierpka u. Cierpka, 2001) und bestenfalls in der Behandlung aufgelöst werden.

Auch in oben geschilderten Untersuchungen konnten bedeutsame Auswirkungen auf die Kinder festgestellt werden. Frühe Gewalterfahrungen der Mutter waren zum einen mit mütterlichem Misshandlungspotenzial assoziiert: Mütter mit frühen Gewalterfahrungen wiesen eine höhere Gefahr auf, ihr Kind körperlich und emotional zu misshandeln, als Mütter ohne solche Erfahrungen (Dittrich et al., 2018). Zum anderen bestand ein Zusammenhang zwischen den frühen Gewalterfahrungen der Mütter und der kindlichen Psychopathologie (Bödeker et al., 2019). Eine Untersuchung der Inhibitionskontrolle von Kindern zeigte, dass Kinder, deren Mütter frühe Gewalterfahrungen gemacht haben und hohe Impulsivitätswerte aufzeigen, eine reduzierte Inhibitionskontrolle aufweisen (Fuchs, Möhler, Resch u. Kaess, 2017).

Zusammengefasst konnten die vorliegenden Untersuchungen zeigen, dass frühe Gewalterfahrungen negative Auswirkungen haben können: sowohl auf die direkt betroffenen Mütter durch Veränderungen von Persönlichkeitseigenschaften, des Bindungsstils und der sozial-kognitiven Funktionen als auch auf die indirekt betroffene nächste Generation der Kinder durch die Entwicklung psychischer Störungen und eine reduzierte Inhibitionskontrolle. Zusätzlich scheint auch die Interaktion zwischen Mutter und Kind erheblich erschwert zu sein, was sich in einer reduzierten mütterlichen Sensitivität und einem erhöhten Misshandlungspotenzial für die Kinder im Vergleich zu Müttern ohne frühe Gewalterfahrungen zeigt.

5.2 Endokrinologische Transmissionsmechanismen

Ein wichtiges Hormon der sogenannten Stressachse, der Hypothalamus-Hypophysen-Nebennierenachse (HPA-Achse), ist Cortisol. Der Cortisolspiegel eines Menschen kann auf verschiedenen Wegen bestimmt werden. Direkte Schwankungen können im Speichel abgebildet werden, während kumulative Cortisollevel über einen längeren Zeitraum aus den Haaren extrahiert werden können. Bei der Betrachtung von Cortisol unterscheidet man weiter, ob man die Reagibilität des Stresssystems auf einen bestimmten Stressor abbilden oder sich die normale Tagesdynamik des Hormons Cortisol anschauen möchte. Cortisol zeigt einen typischen Tagesablauf mit einem starken Anstieg in den ersten 30–45 Minuten nach dem Aufwachen, der Cortisolaufwachreaktion, und einem anschließenden langsamen Abfall des Cortisolspiegels bis zum Abend. Bisherige Studien zeigen, dass frühe Gewalterfahrungen die HPA-Achse der Betroffenen beeinflussen. So zeigen Betroffene eine signifikant reduzierte Cortisolaufwachreaktion (Poustka et al., 2011). Daneben konnten bisherige eigene Studien eine Synchronie der Cortisoltagesdynamik zwischen Müttern und ihren Kindern zeigen (Fuchs, Möhler, Reck, Resch, Kaess, 2016c).

In den vorliegenden Daten unserer Untersuchungen wurde der Schwerpunkt daher auf die Frage gelegt, welche Folgen frühe Gewalterfahrungen der Mutter für das Stresssystem der nächsten Generation haben. In den untersuchten Mutter-Kind Dyaden konnte eine Synchronizität der Cortisolkonzentration von Müttern und ihren Kindern zum Zeitpunkt des Erwachens festgestellt werden, interessanterweise jedoch nur bei Dyaden, deren Mütter eine hohe Sensitivität aufweisen. Weiter zeigten Kinder von Müttern mit frühen Gewalterfahrungen, die im Laufe ihres Lebens zudem eine psychische Störung entwickelten, eine erhöhte Cortisolkonzentration beim Aufwachen im Vergleich zu Kindern von Müttern mit frühen Gewalterfahrungen, die keine psychische Störung entwickelten, sowie von Müttern ohne frühe Gewalterfahrung und ohne psychische Störung (Fuchs et al., 2016c). Somit scheint die frühe Gewalterfahrung der Mutter allein keinen Einfluss auf die Cortisolaufwachreaktion der eigenen Kinder zu haben, wohl aber die Psychopathologie der Mutter.

Zusammengefasst deuten die aktuellen Ergebnisse darauf hin, dass über das Cortisolsystem Folgen von frühen Gewalterfahrungen an die nächste Generation weitergegeben werden können und dass die mütterliche Psychopathologie zusätzliche Auswirkungen auf die kindliche Stressachse haben kann.

Auch auf neuronaler Ebene finden sich Veränderungen nach frühen Gewalterfahrungen, da diese als massiver und oft chronischer Stressor Einfluss auf die Gehirnentwicklung nehmen können. Das Gehirn ist zudem ein adaptives Organ, das sich auch auf die Rolle des Elternseins einstellt und funktionelle sowie strukturelle Anpassungsvorgänge in Hirnnetzwerken zeigt, die im elterlichen Verhalten eine wichtige Rolle spielen.

Unsere Untersuchungen des mütterlichen Gehirns mit funktioneller Magnetresonanztomografie zeigten Einflüsse früher Gewalterfahrungen auf neuronale Korrelate der Mutter-Kind-Interaktion. Wir instruierten Mütter mit und ohne frühe Gewalterfahrungen, experimentell standardisierte Alltagsinteraktionen mit ihrem Kind so lebendig wie möglich in einem Magnetresonanztomografen zu imaginieren, und fanden Unterschiede in den neuronalen Aktivierungsmustern. Dabei schienen konflikthafte Interaktionen mit dem eigenen Kind mehr die Aufmerksamkeit bei den Müttern *mit* gegenüber den Müttern *ohne* frühe Gewalterfahrungen auf sich zu ziehen, was in einer erhöhten neuronalen Aktivierung des Salienznetzwerks (Insula, Amygdala) während der Imagination konflikthafter gegenüber harmonischen Interaktionen mit dem Kind deutlich wurde (Neukel et al., 2018a). Dabei zeigte sich zudem eine verringerte Modulation des Salienznetzwerks durch das ToM- bzw. Mentalisierungsnetzwerk bei Müttern mit frühen Gewalterfahrungen (Mielke et al., 2018).

In der strukturellen Bildgebung fand sich ein Zusammenhang zwischen der in einer echten videografierten Interaktion erfassten mütterlichen Sensitivität und den Volumina von Hirnregionen. Bei den Müttern mit frühen Gewalterfahrungen war die mütterliche Sensitivität positiv mit dem Volumen von Strukturen des Mentalisierungsnetzwerks (superiorer temporaler Sulcus, temporaler Pol) assoziiert. Bei Müttern ohne frühe Gewalterfahrungen hingegen korrelierte die mütterliche Sensitivität positiv mit dem Volumen der anterioren Insula, welche zum Empathienetzwerk gehört. Eine weitere Veränderung der Aktivität des Mentalisierungsnetzwerks zeigte sich, wenn man den Müttern Bilder mit emotionalen Gesichtsausdrücken ihrer Kinder präsentierte. Mütter mit Misshandlungserfahrungen, verglichen mit Müttern ohne frühe Gewalterfahrungen, wiesen eine erhöhte neuronale Aktivierung des Mentalisierungsnetzwerks (superiorer temporaler Sulcus, Präcuneus) auf, wenn ihnen das fröhliche Gesicht des eigenen Kindes präsentiert wurde (Neukel et al., 2018b).

Diese Ergebnisse deuten darauf hin, dass Mütter mit frühen Gewalterfahrungen Veränderungen der Aktivität und der Volumina von Strukturen des Mentalisierungsnetzwerks zeigen, die in die Prozessierung sensitiven mütterlichen Verhaltens involviert sind. Veränderungen im Mentalisierungsnetzwerk könnten ein Mediator zwischen frühen Gewalterfahrungen der Mütter und der Qualität der Mutter-Kind-Interaktion sein und damit letztlich die kindliche Entwicklung beeinflussen. Dabei deuten der Zusammenhang der mütterlichen Sensitivität mit Volumina des Mentalisierungsnetzwerks sowie die erhöhte funktionelle Aktivität dieses Netzwerkes auf einen adaptiven Kompensationsmechanismus bei Müttern mit frühen Gewalterfahrungen hin. Es scheint, als würden Mütter mit frühen Gewalterfahrungen ihr sensitives Verhalten eher auf die kognitive Komponente der Mentalisierung und weniger auf die affektive empathische Komponente stützen (Mielke, Neukel, Bertsch, Reck, Möhler u. Herpertz, 2018).

Die aktuellen Erkenntnisse zur Transmission von Misshandlung von einer Generation auf die nächste sind für die klinische Praxis im Umgang mit misshandlungserfahrenen Eltern und ihren Kindern sehr wichtig. Oft liegt der elterliche Missbrauch auch gar nicht so klar auf der Hand. Insbesondere als Kinderpsychiaterin oder Kinderpsychiater wird man erst durch sorgfältige Untersuchung der Verhaltensauffälligkeiten eines Kindes auf Traumata aus der Vergangenheit der primären Bezugspersonen stoßen. Diese sorgfältige Untersuchung ist in jedem Fall notwendig. Oft reicht es, Eltern zu fragen, welche Gefühle ihr Kind in ihnen in Eskalationssituationen wachruft und ob diese Gefühle schon aus anderen Lebenssituationen der Eltern erinnerlich sind. Diese »emotionales Netz« genannte Technik sollte allerdings erst angewendet werden, nachdem ein gutes Behandlungsbündnis zwischen Eltern und Arzt bzw. Psychologin zustande gekommen ist.

Auch ist es von entscheidender Bedeutung, den misshandelten Eltern zu jeder Zeit validierend zu begegnen und zu verstehen, dass sich ihr eigener »Misshandlungsstress« auf die Beziehung zum Kind überträgt, und zwar dadurch, dass das Kind in seiner Vitalität – etwa durch Schreien oder schnelle heftige Bewegungen – zum Trigger für die oben erwähnten Traumareaktionen wird. Wenn dies nicht reflektiert und behandelt wird, kann dadurch eine Täterzuschreibung an das Kind schon in sehr jungen Jahren erfolgen. Aussagen wie »Sie war schon bei der Geburt der schwarze Teufel« oder »Er hat mich das gesamte erste Lebensjahr lang angeschrien« in der Perinatalanamnese können Hinweise sein, dass Kindern schon früh Tätereigenschaften zugeschrieben wurden, die ursprünglich aus anderen Beziehungserfahrungen der Eltern stammen. Diese Projektion aggressiver Regungen und Eigenschaften kann sich durch den Effekt des Confirmation-Bias dann auch objektiv realisieren, da die Kinder merken, dass sie für die Verhaltensweisen, die die Zuschreibung der Eltern bestätigen, besondere Aufmerksamkeit bekommen. Dadurch kann das Kind sich durch projektive Identifikation mit diesen ihm fortwährend zugeschriebenen Tätereigenschaften im Sinne einer selbsterfüllenden Prophezeiung identifizieren und im Laufe der Zeit dadurch wirklich zum Täter werden bzw. zu jemandem, der sich durch aggressive Akte definiert.

Hier möglichst früh zu intervenieren und Täterattributionen aufzulösen ist ein wichtiger Aspekt therapeutischer Arbeit mit hohem präventivem Potenzial. Denn es handelt sich nicht um eine »schicksalhafte«, sondern *eine verhinderbare Übertragung gewaltsamer Erlebnisse* auf den Umgang mit dem eigenen Kind. Leifer et al. (2004) berichten, dass sich in 50 Prozent aller Misshandlungsfamilien die Misshandlung in die nächste Generation fortsetzt, sodass das Risiko zwar hoch ist, aber das Zeitfenster für Interventionen ja existiert und unbedingt genutzt werden sollte. Ein Beispiel dafür liefert der folgende Fall, in dem die intergenerationale Transmission von Gewalterfahrungen deutlich wird durch die Projektion eines Täterintrojekts einer misshandelten Mutter auf ihr Kind. Dieser und auch der zweite Fall wurden in Möhler et al. (2001) und Möhler und Resch (2005) publiziert.

6 Fallbeispiel 1

Frau F. meldet sich in der interdisziplinären Eltern-Säuglings-Sprechstunde an, da ihr 18 Monate alter Sohn Marco schon immer sehr unruhig gewesen sei und nun, da er laufen könne, auch noch extrem aggressiv werde und sie in letzter Zeit vollkommen überfordert sei.

Marco ist ein freundlicher, aufgeschlossener und lebhafter Junge, der sogleich den Raum exploriert und sich den angebotenen Spielmaterialien mit viel Freude zuwendet. Er nimmt adäquat und freundlich, ohne große Scheu, jedoch mit angemessener Distanz Kontakt zu den ihm unbekannten Untersucherinnen auf, nicht ohne sich vorher auch bei der Mutter rückzuversichern.

Die Mutter zeigt sich auf das Kind sehr bezogen und überwacht alle seine Regungen mit äußerster Aufmerksamkeit und Vigilanz. Für lebhafte Äußerungen des Jungen entschuldigt sie sich bei den Untersucherinnen, welche sie hier entlasten. Eine Fokussierung auf das zur Vorstellung gebrachte Symptom, Expansivität und Trotz, ergab, dass Frau F. ihren Sohn auch in diesem Moment, in dem er den Raum explorierte und das Spielmaterial auf seine »Geräuschtauglichkeit« hin untersuchte, als aggressiv, wild und übergriffig empfand. Sie bat ihn dann mit leiser und trauriger Stimme, sich doch zusammenzureißen.

Sie gab an, das Kind habe überhaupt keine Kontrolle über sich selbst, und beschrieb Augenblicke des absoluten Kontrollverlusts mit Toben, Schreien, Kratzen, Schlagen und Beißen, welche als temper tantrum gedeutet werden konnten, jedoch von der Mutter als Anzeichen eines gefährdeten und gefährlichen Charakters angesehen wurden. Es sei auch nicht gelungen, Marco dazu zu bringen, im eigenen Bett einzuschlafen oder das zu essen, was die Mutter wolle, vielmehr schlafe er, wo und wann er wolle – die Mutter müsse sich dann jeweils dazulegen. Auch esse er, was er selbst bestimme, die Mutter bereite teils sehr viele Speisen zu, bis er eine akzeptiere. Die Mutter hatte diesbezüglich einen intensiven Leidensdruck entwickelt und auch einen großen Ärger auf ihr Kind, den sie jedoch erst nach mehreren Sitzungen verbalisieren konnte und der gelegentlich in plötzlichen harschen verbalen Reaktionen ihrerseits seinen Ausdruck fand, für die sie sich dann wieder schämte und schuldig fühlte, sodass die Spirale von Neuem begann.

Die Mutter war Hauptbezugsperson des Kindes und hatte ihren Beruf als Arzthelferin für die Erziehung des Kindes temporär aufgegeben.

6.1 Anamnese

Die Kindeseltern hatten zwei Jahre vor der Geburt geheiratet und kannten sich bereits viele Jahre. Der Kindesvater war ein eher stiller Mann, der »in seinem Beruf als Techniker aufging« und über die Sorgen seiner Frau im Umgang mit dem Kind »nur den Kopf schüttelte«. Es kam neben viel Verständnis zwischendurch auch zu Entwertungen seiner Frau, die er als »erziehungsinsuffizient« bezeichnete, worauf Frau F. mit großer Verzweiflung, aber nicht mit Ärger reagierte. Im selben Ort lebten die Eltern des Kindesvaters, von welchen Frau F. sich kontrolliert und gegängelt fühlte, insbesondere da sich häufig der ältere Bruder ihres Mannes, welcher laut Frau F. unverheiratet und »seltsam« sei, im großelterlichen Haushalt befand und sich Marco gegenüber sehr streng benehme, was Frau F. Sorgen mache, sodass sie eigentlich wünsche, den Kontakt zu minimieren, sich dies jedoch nicht traue.

In der zweiten Sitzung war die Symptomatik und das »tyrannische« Verhalten Marcos erneut des Thema der Kindesmutter und befragt nach den Gefühlen, die Marcos Trotz in ihr auslöse, gab sie an, eine intensive Ohnmacht zu spüren, sich rat-, hilf- und hoffnungslos zu fühlen. Auf die Frage, ob sie diese Gefühle schon einmal an anderer

Stelle in ihrem Leben erlebt habe, gab sie an, bereits in frühester Kindheit habe sie von ihrem Vater Gewalt in Form von Schlägen und Tritten erfahren. In dieser Situation sei sie von niemandem unterstützt und ernst genommen worden, obwohl sie der Mutter häufig davon erzählt habe und diese es auch mitbekommen habe. Auch die Geschwister der Kindesmutter seien geschlagen worden, aus nichtigen Anlässen heraus oder wegen kleinerer Verfehlungen. Manchmal auch »einfach so«, insbesondere wenn der Vater getrunken habe, was jedoch nicht so häufig der Fall gewesen sei, als dass man ihren Vater als schweren Alkoholiker beschreiben könne. Der Vater wird von Frau F. vielmehr als streng, rigide und unerbittlich beschrieben, die Mutter als überangepasste, leisetreterische und ängstliche Frau, die dem Vater beständig in allem recht gab. Vermutlich sei es »auch einfach zu viel gewesen mit drei Kindern«.

6.2 Familienanamnese

Frau F. habe nach wie vor regelmäßigen Kontakt zu ihren eigenen Eltern, obwohl sie auch diesen eigentlich nicht wolle, sich dazu jedoch verpflichtet fühle. Sie besuche sie jedes zweite Wochenende, trotz einer Fahrzeit von vier Stunden. Gelegentlich besuche sie sie auch noch häufiger und verbringe eine ganze Woche dort, allerdings leide sie dann sehr, da der Vater sich auch Marco gegenüber massiv rigide und streng verhalte, diesen jedoch nicht schlage. Auch leide sie sehr darunter, dass ihre Eltern auf Marco in keiner Weise eingingen und sich sehr wenig responsiv verhielten.

6.3 Entwicklungsanamnese

Die Entwicklung ihres Kindes schildert Frau F. als zunächst unproblematisch. Die Schwangerschaft mit Marco sei erwünscht und medizinisch problemlos gewesen. Die Entbindung erfolgte um den errechneten Termin herum in einer sehr schmerzhaften Geburt und einem Gewicht von 3420 Gramm. Postnatal sei Marco zunächst ein liebes Baby gewesen, mit zwei Monaten habe er gelächelt, Greifen sei mit drei Monaten möglich gewesen, und er habe sich bereits früh vom Bauch auf den Rücken und mit sechs Monaten auch umgekehrt drehen können. Mit acht Monaten habe er begonnen, zu krabbeln, und auf diesen Zeitpunkt datiert Frau F. den Beginn der Schwierigkeiten. Er habe sich als sehr lebhaft und schlecht einzugrenzen erwiesen, habe mit Essen geworfen, nicht in den Kindersitz oder ins Bett gewollt. Sie habe sich in der Öffentlichkeit ihres widerspenstigen Kindes wegen immer geschämt. Mit dem Beginn des freien Laufens mit etwa einem Jahr wurde die Symptomatik noch schlimmer und kulminierte schließlich in mehreren Besuchen beim Kinderarzt, welcher die Überweisung in die interdisziplinäre Säuglingsambulanz veranlasste.

6.4 Diagnostik

Eine Beziehungsanalyse zwischen Mutter und Kind mithilfe der Münchner Kommunikationsdiagnostik (Kress, Cierpka, Möhler u. Resch, 2012) ergab gute intuitive Kompetenzen der Kindesmutter innerhalb der Interaktion bei vorwiegend ängstlich-überinvolviertem Beziehungsmuster.

Eine Analyse der emotionalen Verfügbarkeit mithilfe der EA-Skalen von Zeynep Biringen (Biringen u. Easterbrook, 2012) ergab eine hohe Sensitivität bei verminderter Strukturierungsfähigkeit und erhöhter Intrusivität und wenig Feindseligkeit. In der körperorientierten Videomikroanalyse der Interaktion nach George Downing zeigte sich, dass die Mutter bezogen auf wilde Bewegungen eine deutliche Hypervigilanz mit erhöhter Schreckhaftigkeit und übertriebenen körperlichen Abwehrreaktionen zeigte.

6.5 Behandlung

Im Gespräch drückte Frau F. Ängste vor völliger Vereinnahmung durch das Kind aus, welche ihre traumatischen Erfahrungen des Kontrollverlusts gegenüber einem übermächtigen Aggressor widerspiegelten, dessen Grenzüberschreitungen Frau F. ohnmächtig ausgeliefert war. Insbesondere dass Marco so laut sei, bringe sie immer wieder zurück zu dem Geschrei von früher, gegen das sie gar nichts machen konnte. Beim Versuch der Deutung der genannten Zusammenhänge für die Kindesmutter äußerte diese ganz klar, sie habe große Ängste, dass Marco sich so entwickeln werde wie ihr Vater. Sie verstand aber kognitiv, dass Marco momentan nur ein ganz kleiner, auf ihre Strukturierung angewiesener Junge war und dass die schrecklichen Gefühle von Ohnmacht und Hilflosigkeit, die sie überfluteten, wenn Marco laut war, gar nichts mit diesem zu tun hatten, sondern mit einer früheren Lebenssituation, die es zu bearbeiten galt.

Im Folgenden zeigte sich, dass insbesondere die Projektion der aggressiv-intrusiven Vaterrepräsentanz zu massiven Wahrnehmungsverzerrungen der Mutter führte und die Ausbildung positiver Mutter-Kind-Interaktionen gravierend behinderte, da Frau F. sich ihrem Kind gegenüber sofort und wiederholt in eine Opferrolle begab.

Die Mutter fühlte sich im Verlauf durch die Gespräche zwar angestrengt, aber letztlich sehr entlastet. Wichtig war es, um eine korrektive Beziehungserfahrung zu schaffen, neben ihren Belastungen immer auch ihre Stärken zu fokussieren, da neben der »Opferrolle« noch ein anderes, kompetenteres Selbstkonzept geschaffen werden musste. Frau F. reagierte darauf ausgesprochen positiv, zeigte sich sehr bedürftig nach Anerkennung für ihre positiven Leistungen (z. B. den Kontakt zur Säuglings- und Kleinkind-Sprechstunde herzustellen) und entwickelte ein zunehmend kindlich geprägtes Vertrauen. Sie wünschte sich mehrere Gespräche, war auch nach einiger Zeit einverstanden, ihren Ehemann mit einzubeziehen.

Im Verlauf zeigte sich eine Verbesserung im Kontakt zwischen Mutter und Sohn. Frau F. hatte die mitgegebenen Tagebücher zur

Erfassung des Schlaf-wach- und Schreiverhaltens akribisch geführt und darin auch schöne Momente mit dem Sohn geschildert, die, wie sie selbst angab, für sie neu waren. Jedoch gab es auch immer noch Zeiten, in denen sie sich dem Kind gegenüber hilflos und ausgeliefert fühlte. Im gemeinsamen Gespräch mit dem Ehemann zeigte sich dieser sensibel und verständnisvoll gegenüber den Bedürfnissen und Traumatisierungen seiner Frau, gleichzeitig auch auf das Kind bezogen und um dessen Wohlergehen bemüht. Die Beziehung zwischen den Eheleuten erschien bei aller Belastung vertrauensvoll, jedoch äußerte Herr F. immer wieder Unverständnis gegenüber dem völligen Unvermögen seiner Frau, sich gegenüber dem Kind abzugrenzen. Dies erlebe er an seiner Frau auch in Beziehung zu anderen Menschen, jedoch habe seine Frau dies nie zuvor als Leidensdruck formuliert, erst in der Beziehung zu Marco »entarte« die Situation.

Zu Beginn der Sitzungen wurde eine Videoaufzeichnung mit Frau F. vereinbart sowie eine 60-minütige Gesprächsdauer mit der Einfügung einer kurzen Beratungspause für die Therapeuten kurz vor Ende der Sitzung. Auch das Video zeigte die deutlich positive Reaktion der Mutter auf ein haltendes Gesprächssetting im Sinne des Winnicott'schen *Holding* (Winnicott, 1965), welches ihrer Unsicherheit und emotionalen Bedürftigkeit Rechnung trug. Die von ihr in fast kindlich-naiver Weise gesuchte Anerkennung wurde ihr in Form von Bestätigung und Lob gegeben. Diese Herangehensweise lehnt sich an Ergebnisse und Empfehlungen von Zeanhah (2004) an, denen zufolge in vielen Fällen ein »Bemuttern« der Mutter erforderlich ist, damit diese ihre eigenen intuitiven mütterlichen Kompetenzen dem Kind zugute kommen lassen kann.

6.6 Interpretation

Die Entlarvung der »Gespenster im Kinderzimmer« (Fraiberg, 1980) von Marco F. erforderte im Sinne einer Eltern-Kind-Psychotherapie eine Deutung der mütterlichen Projektionen auf das Kind. Hier half

Frau F. die von ihr selbst im Gespräch entwickelte Erkenntnis, dass die autonomen, teilweise wilden Regungen des Kindes in ihr das Bild einer aggressiv-intrusiv misshandelnden Vaterrepräsentanz wachriefen, welches bei ihr Angst, Lähmung und Hilflosigkeit sowie das Gefühl des Ausgeliefertseins hervorrief. Ihr intensives Kontroll- und Fürsorgebedürfnis in Bezug auf Marco konnte als Reaktion auf von der Mutter gefürchtete »Grenzüberschreitungen« des Kindes verstanden werden, was wiederum auf die erlebten Grenzüberschreitungen von Frau F. zurückgeführt wurde.

Im Sinne einer entwicklungspsychologischen Beratung wurde außerdem versucht, der Mutter auf kognitiver Ebene die Begrenztheit des aggressiven Potenzials und der »Gefährlichkeit« ihres Sohns zu vermitteln. Frau F. konnte in diesem Rahmen, bezogen auf die positive Entwicklung ihres Sohns, beruhigt werden, und ihre dahingehenden mütterlichen Verdienste wurden bestätigt. Der dadurch über das Kind bezogene narzisstische Gewinn der Mutter stärkte wiederum ihr Selbstvertrauen und ihre Selbstwirksamkeitsgefühle.

Die Schwere der Symptomatik erforderte außerdem eine über den Rahmen der Säuglingsambulanz hinausgehende individuelle psychotherapeutische Behandlung. Frau F. tat sich dabei schwer, einen Therapeuten oder eine Therapeutin zu finden, zum einen aufgrund ihrer Scheu und Vorsicht, zum anderen aber aufgrund der negativen Gegenübertragung, die ihre Symptomatik ebenso wie ihr Auftreten weckte.

Eine Situation wie die geschilderte erfordert zudem eine Abwägung der psychosozialen Lebensbedingungen des Kindes. Ein Verbleib des Jungen in der Familie war in diesem Fall aufgrund der tragenden, stützenden und puffernden Funktion des Ehegatten möglich. Herr F. zeigte sich sehr bemüht, die Ängste seiner Frau aufzufangen, und war auch in der Lage, die beständige Unsicherheit und Verzweiflung seiner Frau im Umgang mit dem Kind auszuhalten. Auch zeigte sich das Kind auf den Vater sehr bezogen und verhielt sich ihm gegenüber wesentlich angemessener, kontrollierter und kooperativer.

Dennoch benötigte die Familie psychosoziale Unterstützung, um der Mutter im Alltag unmittelbar Kompetenzen und Grenzsetzungsstrategien zu vermitteln, wie es mithilfe einer im Einverständnis mit den Eltern über das Jugendamt eingeführte Hilfe zur Erziehung geschah. Diese Familie wird jedoch trotz all dieser Maßnahmen weiterhin intensive Betreuung benötigen, auch hinsichtlich neuer Entwicklungsschritte des Kindes. Die Zusage weiterer Unterstützung sollte auch die intensiven auf die Zukunft bezogenen Ängste von Frau F. mindern.

7 Fallbeispiel 2

Frau L. meldet sich mit der dringenden Bitte um einen raschen Termin in unserer interdisziplinär arbeitenden Eltern-Säuglings-Sprechstunde. Alexandra ist zum Zeitpunkt der Erstvorstellung neun Wochen alt. Die Mutter trägt sichtlich agitiert und angespannt folgende Symptomatik vor.

7.1 Anamnese

Laut Angaben der Mutter schreie Alexandra täglich drei bis acht Stunden und neige dazu, sich in »hysterische« Zustände hineinzusteigern. Nachts schlafe sie meist nur etwa fünf oder sechs Stunden, was der Mutter so unerträglich sei, dass sie nach mehrmaligen Bitten vom Kinderarzt homöopathische Beruhigungszäpfchen erhalten habe, mit deren Hilfe Alexandra jetzt von 9 Uhr abends bis 7 Uhr morgens durchschlafe. Die Mutter berichtet in der Erstvorstellung von immer wiederkehrenden und zunehmend realer werdenden Phantasien, ihr Kind zu misshandeln. Einmal habe sie Alexandra bereits den Mund zugehalten, wobei sie jedoch darauf geachtet habe, dass die Nase frei bleibe.

Um ein Ventil für die durch das Schreien des Kindes in ihr wachgerufenen erheblichen Aggressionen zu finden, habe sie bereits die Küchentür eingetreten. Häufig schlage sie gegen die Wand oder schreie selbst. Auch habe sie das Kind einmal aus 15 cm Höhe in sein Bettchen fallen lassen. Gleich danach habe sie Alexandra auf den Arm genommen und es habe ihr entsetzlich leidgetan. Ihr eigenes »Gewaltpotenzial« mache der Mutter große Sorgen.

Gleichermaßen beunruhige sie jedoch das befürchtete Gewaltpotenzial der Tochter, die ihr bereits zweimal beim Wickeln gegen die Brust getreten habe, was Frau L. als aggressiven Akt wahrnahm und nicht anders beantworten konnte als mit einem instinktiven Klaps. Alexandras Tritte bereiteten ihr massive Schmerzen. Ebenso reagiere sie, wenn das Kind – wie sie es häufig erlebe – gegen ihren Unterkiefer »schlage«. Sie befürchtete, diese von ihr als bedrohlich empfundenen Verhaltensweisen des Kindes könnten bei zunehmendem Wachstum Alexandras für sie nicht mehr kontrollierbar sein. Auch äußerte sie Ängste, die Aggressionen des Kindes könnten sich zunehmend in massiver Weise vor allem gegen sie selbst richten.

Weder ihr Mann noch die Schwiegermutter verstünden ihre Gefühle und ihre Situation. Sie fühle sich nirgends unterstützt, sondern nur herabgewürdigt, kritisiert und gemaßregelt. Der Schwiegermutter sei nur daran gelegen, ihr besseres Geschick im Umgang mit Alexandra zu demonstrieren und ihr, der Mutter, Kälte vorzuwerfen. Versprechen, Alexandra zu hüten, halte sie jedoch nicht konsistent ein.

Die Mutter hatte ein starres Regelkorsett für ihre Tochter entworfen und in den Computer eingespeist, dessen minutiöse Einhaltung sie sowohl vom Vater als auch von der Schwiegermutter fordert. Dabei äußert sie Ängste, die jeweilige Aufsichtsperson könnte sich nicht an die von ihr festgesetzten Uhrzeiten und Verhaltensmaßregeln halten, was dazu geführt hat, dass sie diese geradezu zwanghaft kontrolliert. Die Regeln beinhalten unter anderem, dass das Kind auf keinen Fall auf dem Arm herumzutragen sei, dass es bei ruhigem Verhalten Zuwendung erhalten, jedoch bei Schreien nicht aufgenommen oder angesprochen werden solle.

Diese Maßnahmen begründet die Mutter mit der Intention, Verwöhnungen vermeiden zu wollen und ihrer Tochter frühzeitig ein angepasstes Sozialverhalten beizubringen. In dieser Absicht habe sie ihrer Tochter auch kochend heiße Milch in der Trinkflasche verabreicht, um ihr die »logische und natürliche Konsequenz« ihres gierigen und ungeduldigen Schreiens vor Augen zu führen. Diese Problematik wird von der Mutter hastig und mit sichtlicher innerer Anspannung vorgetragen.

7.2 Familienanamnese

Dazu berichtet Frau L. auf Nachfrage Folgendes: Sie habe eine Ausbildung zur Altenpflegerin begonnen, jedoch abgebrochen, da ein Patient ihr fast den Unterkiefer gebrochen habe, weil er von ihr nicht geduscht werden wollte. Ihre Ausbildung habe sie daraufhin kurz vor der Prüfung abgebrochen und arbeitete vor der Schwangerschaft mit Alexandra als Bäckereiverkäuferin.

Der Kindesvater arbeite im Bereich Kommunikationselektronik, meistens von morgens 8 bis abends 19 Uhr. Frau L. fühle sich von ihm nicht unterstützt, vielmehr habe auch er noch Ansprüche an sie und kritisiere, dass sie mit dem Kind nicht besser zurechtkomme. Herr L. sei außerdem zu sehr von seiner eigenen Mutter abhängig.

Die 67-jährige Mutter des Kindesvaters, eine gelernte Industriekauffrau, habe sich von ihrem Mann getrennt und lebe mit einer Freundin, arbeite als Altenpflegerin und vergöttere laut Angaben von Frau L. ihren Sohn, für den sie bei jeder Auseinandersetzung Partei ergreife. Alexandra strahle jedoch sowohl ihren Vater als auch die Schwiegermutter so begeistert an, wie sie es gegenüber ihr selbst nie tue. Frau L. nehme dies als bewusste Provokation des Mädchens ihr gegenüber wahr. Wenn das Kind dann bei ihr wieder dauernd schreie, steigere sich ihre Anspannung ins »Unermessliche«.

Auf die Frage, woran sie diese starke Anspannung merke, gibt sie an, in »Todesangst und Panik« zu sein »wegen dem Geschrei«. Unter Bezug auf die Technik des »emotionalen Netzes« erkundigen wir uns nach Situationen in ihrem Leben, in denen sie solche Gefühle schon einmal gehabt habe, und sie berichtet nach kurzem Nachdenken: Bereits in frühester Kindheit habe sie von ihrer eigenen Mutter Gewalt in Form von Schlägen und Tritten erfahren, wobei sie am meisten unter den »hysterischen« Schreiattacken der Mutter gelitten habe. In dieser Situation sei sie von niemandem unterstützt und ernst genommen worden, obwohl sie der Lehrerin und auch ihrem Vater häufig davon erzählt habe. Lediglich ein einziges Mal sei der Vater, den sie als Alkoholiker beschreibt, von der Arbeit gekommen, da sie ihn um

Hilfe angerufen hatte, die Mutter schlage sie sonst tot. Als der Vater zu Hause angekommen sei, habe die Mutter mit dem Messer vor der Toilettentür gestanden, hinter der sich Frau L. eingeschlossen hatte.

Frau L.s Mutter sei vor einigen Jahren gestorben, was von Frau L. mit großer Ambivalenz berichtet wird. Der Todestag der Mutter rücke näher und bereite ihr deshalb große Schwierigkeiten, weil die Mutter Alexandra nie gesehen habe. Dabei wird deutlich, dass Frau L. die Mutter bei aller Gewaltanwendung als zugewandt erlebt und sich nach ihrer Anerkennung gesehnt hatte, sich von dieser jedoch in ihrem Wunsch nach Akzeptanz und Anerkennung offenbar beständig enttäuscht fühlte. Die typische misshandlungsbezogene Kognition, »selbst schuld« an den Gewalthandlungen der Mutter zu sein, quält Frau L. noch heute.

Der Vater von Frau L. lebe noch, er habe sich einer Alkoholentzugsbehandlung unterzogen. Jedoch habe er seiner Tochter klargemacht, dass er mit einem so kleinen Kind wie Alexandra nichts anfangen könne, was Frau L. als fair und klar bezeichnet.

7.3 Entwicklungsanamnese

Die Entwicklung ihres Kindes schildert Frau L. als problematisch: Die Schwangerschaft mit Alexandra sei mehr oder weniger erwünscht gewesen, aufgrund einer Antibiotikabehandlung habe die Pille bei ihr nicht gewirkt, wobei die Eltern für das darauffolgende Jahr ohnehin eine Schwangerschaft geplant hatten und sich daher zur Austragung des Kindes entschlossen.

Medizinisch sei die Schwangerschaft anfangs problemlos gewesen. Gegen Ende habe Frau L. jedoch starke Schmerzen in der Hüfte entwickelt und sich vom Frauenarzt nicht ernst genommen gefühlt, der einen von ihr gewünschten Kaiserschnitt ablehnte. Dieser habe zwei Wochen vor dem errechneten Termin dann doch durchgeführt werden müssen, da die Fruchtblase geplatzt sei. Dabei habe sich herausgestellt, dass sich Alexandra in Beckenquerlage befand, welche für die großen, vorher nicht ernst genommenen Schmerzen der Mutter verantwortlich war.

Nach dem Kaiserschnitt wurde bei Alexandra eine Oberarmfraktur festgestellt, die in der kinderchirurgischen Abteilung behandelt werden musste. Zwei Wochen lang habe die Mutter Alexandra nicht hochheben dürfen, weshalb auch Stillen nicht möglich gewesen sei. Auch hatte Alexandra einen Reflux entwickelt, der die Ernährung in den ersten Lebenswochen schwierig machte. Dies habe es der Kindesmutter dem eigenen Gefühl nach sehr erschwert, Kontakt zu ihrem Kind zu bekommen. Auf die Krankenhausentlassung nach zwei Wochen habe sie sich in keiner Weise vorbereitet gefühlt, und zu Hause sei alles über sie hereingebrochen, wobei sie bereits zu diesem Zeitpunkt das Gefühl hatte, keine Unterstützung zu bekommen. Dabei habe Alexandra, nachdem sie in der Klinik so ruhig gewesen sei, in der häuslichen Umgebung begonnen, exzessiv zu schreien, und in der Folge deshalb auch einen Nabelbruch entwickelt.

Auch die Refluxsymptomatik habe anfangs große Schwierigkeiten bereitet, wobei Frau L. diese nach zwei Monaten mithilfe eines geregelten Mahlzeitenschemas und eines von ihr entwickelten Honigschleimrezeptes in den Griff bekam.

Die *körperlich-entwicklungsneurologische Untersuchung* des Kindes ergab außer einem bereits bekannten Nabelbruch keine auffälligen organischen Befunde, wobei sich Alexandra als außerordentlich waches, stimulussensibles Kind erwies. In den Gesprächen zeigte sie auch keine erhöhte Neigung zu Schreien oder unruhigem Verhalten, welches laut Angaben der Kindesmutter hauptsächlich in deren Gegenwart auftrat. Alexandra erwies sich bei allen Untersuchungen als ausgesprochen ruhiger Säugling, sodass sich der Verdacht ergab, das Kind könnte bereits eine Compulsive Compliance – also einen unterwürfigen Gehorsam – entwickeln, wie sie von Crittenden (Crittenden u. DiLalla, 1988) für Kinder misshandelnder Mütter beschrieben worden ist.

7.4 Diagnostik

Zwischen Mutter und Tochter fand wenig positive Interaktion statt. Die Reagibilität der Mutter auf die auffallend wenigen emotionalen Signale des Kindes war deutlich vorhanden, aber weitgehend negativ: »Du Schreiliese«, »Fang jetzt bloß nicht an«. Die für Infant-directed Speech charakteristische Intonationsmodulation fand nicht statt, vielmehr sprach sie mit der Tochter wie mit einem Erwachsenen, was ihrer Wahrnehmung des Kindes als »Wiedergeburt« der Mutter zu entsprechen schien. Zwischen Mutter und Kind fand nur der allernötigste körperliche Kontakt statt, während dessen Frau L. starr und angespannt, um Distanz bemüht wirkte. Auch äußerte sie, als das Kind sich auf ihrem Arm befand und die Hände bewegte, in strengem Ton, es habe sie nicht zu schlagen. Bei den – seltenen – Ansätzen des Kindes, zu quengeln oder zu schreien, distanzierte sich Frau L. explizit völlig vom Kind.

Dabei deuteten sich in der Übertragung und auch in der Beziehung zum Ehemann deutliche oral-bedürftige Tendenzen der Kindesmutter an, zu deren Abwehr offenbar die Projektion auf das Kind diente, welches dadurch als gierig und verschlingend erlebt wurde. Gleichzeitig drückten die Ängste der Kindesmutter vor völliger Vereinnahmung durch das Kind ihre traumatischen Erfahrungen des Kontrollverlustes gegenüber einem übermächtigen Aggressor aus, dessen Grenzüberschreitungen Frau L. ohnmächtig ausgeliefert war.

Herr L. gab an, die Anweisung seiner Frau, sich bei Schreien oder Quengeln des Kindes komplett von Alexandra abzuwenden, nicht immer durchzuführen. Dies trug ihm gelegentlich heftige Kritik seiner Frau ein, was zu einer zunehmend angespannten Situation zwischen den Eheleuten führte. Auch reagierte Frau L. auf geringe Verstöße gegen ihre »Erziehungsordnung«, wie etwa kurzzeitiges Herumtragen des Kindes, mit großer Wut. Dahinter steckte, wie sie nach einiger Zeit reflektieren konnte, Neid auf den unbelasteten Umgang mit dem Kind sowie die Angst, das Kind könnte durch »entgegenkommende« Behandlung in seinem – von ihr ohnehin als unersättlich und übermäßig empfundenen – Bedürfnis nach Zuwendung bestärkt und dadurch für die Kindesmutter noch überfordernder werden.

7.5 Behandlung

Beim Versuch der Deutung der genannten Zusammenhänge für die Kindesmutter äußerte Frau L. klar, dass das Schreien des Kindes für sie in dem Moment zum gewaltauslösenden Signal werde, wenn sie das Gefühl bekomme, dass Alexandra sich ins Schreien hysterisch hineinsteigere. Dann sehe sie geradezu ihre Mutter in einem hysterischen Anfall vor sich. Im Folgenden zeigte sich, dass insbesondere diese Projektion der aggressiv-intrusiven Mutterrepräsentanz zu massiven Wahrnehmungsverzerrungen in Bezug auf das Kind führte und die Ausbildung positiver Mutter-Kind-Interaktionen gravierend behinderte. Dabei wurde die Person der Mutter selbst mit wenig Affekt beschrieben, mitunter sogar idealisiert.

Die in Frau L.s Sprache und Gestik deutlich werdende massive Aggression wurde vielmehr auf die Schwiegermutter verschoben, der sie falsche Versprechungen und unzureichende Hilfeleistungen vorwarf. Frau L.s Verhältnis zu ihrer unmittelbaren Umgebung war von einer massiven Enttäuschungsaggression geprägt.

Frau L. fühlte sich im Verlauf durch das erste Gespräch sehr entlastet, in dem sie sich sehr bedürftig nach Anerkennung für ihre positiven Leistungen (z. B. den Kontakt zur Säuglingsambulanz aufgenommen zu haben, den Honigschleim für Alexandra herzustellen) zeigte und selbst ein zunehmend kindlich geprägtes Vertrauen entwickelte. Sie wünschte sich mehrere Gespräche, war auch einverstanden, ihren Ehemann mit einzubeziehen.

Im nächsten Gespräch zeigte sich eine Verbesserung im Kontakt zwischen Mutter und Tochter, Frau L. hatte die mitgegebenen Tagebücher akribisch geführt und darin auch schöne Momente mit ihrer Tochter geschildert, die, wie sie selbst angab, für sie neu waren. Jedoch gab es auch wieder Zeiten, wo sie sich durch das von ihr als massiv erlebte Schreien des Kindes so bedroht fühlte, dass sie sich ins Wohnzimmer zurückzog, um dem Kind keine Gewalt anzutun.

Auffallend war, dass Frau L. große Teile der folgenden Gespräche damit verbrachte, ihren intensiven Hass auf die Schwiegermutter zu äußern. Diese verhalte sich nicht ihren Erwartungen gemäß, indem sie versprochene Babysitting-Termine nicht einhielt. Eine kurzfristige Absage einer solchen Vereinbarung durch die Schwiegermutter erzeugte bei Frau L. einen massiven aggressiven Ausbruch, in dessen Rahmen sie sich nach eigenen Angaben fast an der Tochter vergriffen hätte, wenn ihr Mann nicht eingegriffen hätte. Dabei war bemerkenswert, dass sowohl der Ehemann als auch die Schwiegermutter bemüht waren, sich nach dem rigiden »Erziehungsstil« von Frau L. zu richten.

Im gemeinsamen Gespräch mit dem Ehemann zeigte sich dieser sensibel und verständnisvoll gegenüber den Bedürfnissen und Traumatisierungen seiner Frau, gleichzeitig auch auf das Kind bezogen und um dessen Wohlergehen bemüht. Die Beziehung zwischen den Eheleuten erschien bei aller Belastung überraschend vertrauensvoll, wobei Frau L. das Kind offenbar als Störfaktor ansah. Herr L.s liebevolle Bezogenheit auf seine Tochter verschlechterte jedoch wiederum das Verhältnis von Frau L. zu Alexandra. In Gegenwart des Ehemannes äußerte sich Frau L. idealisierend über ihre eigene Mutter, die sie als emotional verfügbar erlebt habe, was ihr in der Beziehung zur Schwiegermutter und auch zum Ehemann fehle. Insbesondere äußerte sie tiefe Trauer darüber, dass Alexandra die Großmutter niemals kennengelernt hatte.

Die Behandlung umfasste insgesamt sechs Sitzungen im Abstand von einigen Wochen. Zu Beginn der Sitzungen wurde eine Videoaufzeichnung mit Frau L. vereinbart sowie eine 60-minütige Gesprächsdauer mit der Einfügung einer kurzen Beratungspause für die Therapeuten kurz vor Ende der Sitzung.

Die therapeutische Grundhaltung war bestrebt, auf die oralen und narzisstischen Bedürfnisse von Frau L. in validierender Weise einzugehen, auch wenn Frau L. in der Gegenübertragung mit ihrer heftig geschilderten Aggression auf ihre sechs Wochen alte Tochter eher »invalidierende« Reaktionen hervorrief. Diese galt es zu reflektieren und eine »Bemutterung« auch einer auf den ersten Blick so wenig Zuneigung erweckenden Mutter zu schaffen.

Auch half Frau L. die von ihr selbst im Gespräch entwickelte Erkenntnis, dass das Schreien des Kindes in ihr das Bild einer aggressiv-intrusiv misshandelnden Mutterrepräsentanz wachrief, der die entstehenden Wut- und Hassgefühle galten, die den emotionalen Zugang zu ihrem »eigentlichen Säugling« verbauten. Das intensive Kontrollbedürfnis in Bezug auf Alexandra konnte als Reaktion auf von der Mutter gefürchtete »Grenzüberschreitungen« des Kindes verstanden werden, welche auf die erlebten Grenzüberschreitungen von Frau L. zurückgeführt wurden. Mit dem strengen Regel- und Zeitenkorsett, dem sie sich und ihre Tochter unterwarf, versuchte sie, sich vor erneuten Erfahrungen von Kontrollverlust und Ohnmachtserleben zu schützen.

Die Schwere der Symptomatik erforderte außerdem eine über den Rahmen der Säuglingsambulanz hinausgehende individuelle psychotherapeutische Behandlung. Trotz des reduzierten Vertrauens, das Frau L. gegenüber Therapeuten zeigte, gelang es, sie in in eine individualtherapeutische Behandlung zu überweisen. Der Verbleib des Mädchens in der Familie erforderte eine enge psychosoziale Begleitung durch die Jugendhilfe. Herr L. war in diesem System eine Ressource aufgrund seiner guten koregulatorischen Fähigkeiten. Dementsprechend zeigte sich Alexandra sehr auf den Vater bezogen.

Herr L. zeigte sich zudem sehr bemüht, die intensiven Affekte seiner Frau aufzufangen, und war auch in der Lage, die negative Übertragung seiner Frau auszuhalten, die sich von ihm aufgrund der Erfahrungen mit dem Vater beständig enttäuscht fühlte und dies auch zum Ausdruck brachte.

Auch zeigte sich das Kind auf den Vater sehr bezogen. Dennoch benötigte die Familie intensive psychosoziale Unterstützung, um das Kind dem mütterlichen Einfluss partiell zu entziehen und gleichzeitig Frau L. zu entlasten, wie es durch die Einbeziehung einer Tagesmutter geschah. Entsprechend den Ergebnissen von Brayden, Altemeier,

Tucker, Dietrich und Vietze (1992) lässt sich das Risiko für Kindesmisshandlung durch verminderte Expositionszeit zwischen Mutter und Kind deutlich reduzieren.

Bei der Besprechung möglicher Erleichterungen für die Kindesmutter durch eine Tagesmutter äußerte Frau L. den Wunsch, dass dies von unserer Seite aus gegenüber ihrem Ehemann vertreten werde, da sie sich von ihm in diesem Punkt nicht ernst genommen fühle. Frau L. konnte hier außerdem den Vorteil sehen, dass eine ihr »weisungsgebundene Tagesmutter« sie weniger enttäuschen könnte als eine Schwiegermutter, von der sie lediglich Gefälligkeiten erbitten konnte. Diese Maßnahme erfüllte daher auch den Zweck, die intensive in der Beziehung zur Tochter ausgelebte Frustrationsaggression gegenüber als versagend erlebten Mutterfiguren zu mildern.

Die Mutter-Kind-Dyade wird weiterhin intensive Betreuung benötigen, auch hinsichtlich neuer Entwicklungsschritte des Kindes. Die Zusage weiterer Unterstützung sollte auch die intensiven, auf die Zukunft bezogenen Ängste von Frau L. mindern.

7.6 Interpretation

Der geschilderte Fall einer drohenden und ansatzweise realisierten Säuglingsmisshandlung demonstriert verschiedene Mechanismen und Risikofaktoren der Gewalttransmission in einem besonders frühen Stadium der Eltern-Kind-Beziehung, aber auch der Pufferung und Unterbrechung des Teufelskreises durch protektive Faktoren.

Die Interaktion zwischen Frau L. und ihrem Kind war durch die Gewalterfahrungen der Mutter auf mehreren Ebenen gestört: Die Projektion einer intrusiv-aggressiven Repräsentanz auf das Kind führte dazu, dass Frau L. den Säugling als sadistisch und manipulativ empfand und die kindlichen Regungen mit inadäquater Aggression beantwortete. Frau L. reagierte auf Alexandra nicht als Kind, sondern als ob sie ihre Mutter in hysterischen und tyrannisierenden Ausnahmezuständen vor sich hätte.

Dazu trug auch ein Wiederaufflackern der Angst bei, einem grenzüberschreitenden und gewalttätigen Objekt ausgeliefert zu sein. Dies drückte sich unter anderem in der Befürchtung aus, das Kind könnte in wenigen Monaten bzw. Jahren überwältigende Kräfte entwickeln, sodass die Mutter der massiven Aggressivität nicht mehr Herr werden könnte. Darin steckte gleichzeitig auch ihre Angst vor Kontrollverlust gegenüber eigenen Gewaltimpulsen.

Gleichzeitig zeigte sich in Frau L.s starkem narzisstischen Bedürfnis nach Anerkennung eine Selbstwertstörung, welche von Cierpka und Cierpka (1997) und Dornes (1993) als charakteristisch für misshandelte Eltern beschrieben und somit als Risikofaktor zu werten ist. Außerdem äußerte Frau L. sowohl den Therapeuten als auch ihrem Mann gegenüber intensive Zuwendungswünsche, welche darauf hinweisen, dass die Kindheitsgeschichte von Frau L. nicht nur von den geschilderten körperlichen Misshandlungen, sondern auch von emotionaler Vernachlässigung geprägt war. Dies führte auch dazu, dass sie zum einen die Tochter als Konkurrentin auf der oralen Versorgungsebene der Beziehung zu ihrem Mann erlebte, und zum anderen, dass Alexandras angemessenen oralen Bedürfnisse von der Mutter in projektiver Abwehr als übermächtig und verschlingend erlebt wurden. Hier wird auch die zentrale Empathiestörung als Folge der Gewalterfahrungen der Kindesmutter deutlich. Die angemessenen Bedürfnisse des Kindes konnten von der Mutter aufgrund der Notwendigkeit, eigene ähnliche Impulse abzuwehren, als solche nicht wahrgenommen werden.

Vor diesem Hintergrund wird auch die Bedeutung des nach außen hin intensiv verteidigten Regelkorsetts für Alexandra als Angstbewältigungsmechanismus gegenüber der subjektiv erlebten Durchbruchsgefahr oraler Gier ebenso wie grenzüberschreitender Aggression verständlich. Die minutiöse Festlegung des Tagesablaufs des Mädchens und die detaillierten Handlungsanweisungen mit exakter Überprüfung der Behandlung des Kindes durch andere entsprechen den Befunden von Crittenden (1981), denen zufolge misshandelnde Mütter auch im gemeinsamen Spiel sehr viel kontrollierender mit ihren Kindern umgingen als die Kontrollgruppe. Die possessive, überkontrollierende Haltung ist von Troisi und D'Amato (1984) auch für misshandelnde Primatenmütter beschrieben worden. Dabei ist die kontrollierende Haltung von Frau L. in Bezug auf den Umgang ihres Mannes und ihrer Schwiegermutter mit dem Kind unter Umständen auch als Ausdruck ihrer Angst vor unkontrollierbaren Übergriffen durch andere, auf die sie eigene Misshandlungsimpulse projizierte, zu werten.

Auf der anderen Seite erlaubte dieses starre Schema der Mutter, ihre Misshandlungsimpulse in subtiler Form auszuleben, indem sie dem Kind jegliche Form affektiver Spontanität und Zuwendung durch andere Bezugspersonen vorenthielt, womit sie ihre eigenen Erfahrungen emotionaler Vernachlässigung wiederholte. Gleichzeitig kommt hier eine qualitative Bindungsstörung der Kindesmutter zum Ausdruck, in deren Rahmen sie die Verfügbarkeit von Ehemann und Schwiegermutter ständig überprüfte. Dies wurde auch in Frau L.s Beziehung zur Schwiegermutter deutlich. Hier reinszenierte Frau L. ihre beständige Enttäuschungsaggression aufgrund der mangelnden Unterstützung durch ihre frühere Umgebung, bei gleichzeitigem intensiven Bemühen, alles »recht zu machen«, wie es von Crittenden für die »verstrickt gebundenen« misshandelnden Mütter beschrieben wurde.

Auch zeigte Frau L. die Tendenz, sich durch zwischenzeitliche Anrufe bezüglich der Verfügbarkeit der Therapeutinnen rückzuversichern, worin gleichzeitig ihre Grenzstörung zum Ausdruck kam.

Die Prognose der Mutter-Tochter-Beziehung scheint im Hinblick auf die Pervasivität der Beziehungsstörung schlecht. Als Ressource wurden jedoch Frau L.s Eigeninitiative, in die Säuglingsambulanz zu kommen, gewertet sowie ihre offene Auseinandersetzung mit den eigenen Misshandlungsimpulsen, was ihr Erleben einer psychotherapeutischen Einflussnahme zugänglich machte. Letztere wurde jedoch erschwert durch den Mangel an Eigenverantwortung, die Frau L. für ihre Symptomatik und ihr Verhalten zu übernehmen bereit war. Abgesehen von kurzen Momenten der Verzweiflung über drohende Impulsdurchbrüche, in denen sie sich selbst hinterfragte, beharrte Frau L. auf ihren Schuldzuschreibungen gegenüber Kind, Ehemann und Schwiegermutter, die ihr gleichzeitig dazu dienten, die eigene Herkunftsfamilie zu idealisieren.

Die in der Literatur beschriebene veränderte Reagibilität und Responsivität gewalterfahrener Mütter bestätigte sich auch für den Umgang von Frau L. mit ihrer Tochter, wobei dieses Fallbeispiel eindrücklich die Bedeutung projektiver Mechanismen für diese Interaktionsauffälligkeiten illustriert. Die Existenz solcher projektiven Mechanismen, wie sie auch für weniger belastete Eltern-Kind-Dyaden beschrieben sind, muss insbesondere dann für die Untersuchung und Behandlung der Eltern-Kind-Interaktion Berücksichtigung finden, wenn ein oder beide Elternteile Missbrauchserfahrungen haben, da es unter anderem durch die projizierten Inhalte zur Transmission der elterlichen Gewalterfahrung mit manifester Gefährdung des Kindes kommen kann.

Gleichzeitig wirkte sich bereits in diesem frühen Stadium der Eltern-Kind-Beziehung die zentrale Empathie- und Bindungsstörung der Mutter aus. Die veränderte Interaktionsbereitschaft traumatisierter Mütter als Risikofaktor für eine »emotionale« Misshandlung des Säuglings sollte daher ebenso in die Risikoabschätzung einer gewaltgefährdeten Mutter-Kind-Dyade einbezogen werden wie die Gefahr physischer Misshandlung.

Am Beispiel von Frau L. wurden als protektive Faktoren die Existenz eines nicht gewalttätigen, unterstützenden Ehepartners und die Eigeninitiative zur Aufnahme eines Beratungskontaktes deutlich. Die Existenz dieser protektiven Faktoren ermöglichte das geschilderte Vorgehen und die juristische Verantwortbarkeit des Verbleibs von Alexandra in ihrer Familie bei gleichzeitigem intensiven Einsatz psychosozialer Unterstützungs- und Kontrollmechanismen und der Bereitschaft zu fortdauernder Betreuung dieser fragilen und gefährdeten Mutter-Kind-Beziehung.

Dabei ist für jeden Einzelfall eine minutiöse Abwägung von protektiven und Risikofaktoren zu treffen. Dies erfordert eine eingehende

Anamnese und Interaktionsbeobachtung und ist insbesondere für »Misshandlungsrisiko-Dyaden« eine entscheidende Voraussetzung für Prävention und Therapie.

8 Präventionsansätze und Interventionsmöglichkeiten

Die vorliegenden Ergebnisse und Fallbeispiele zeigen, welche Folgen frühe Gewalterfahrungen für die Elternschaft der Betroffenen haben können. Hervorzuheben ist, dass es nicht bei den Folgen für die Betroffenen bleibt, sondern dass frühe Gewalterfahrungen der Mutter auch einen Einfluss auf die Entwicklung ihrer Kinder und damit auf die nächste Generation haben. Dies bedeutet konkret für die Praxis, dass bei der Behandlung einer Frau mit frühen Gewalterfahrungen auch beachtet werden sollte, ob sie Hilfe im Umgang mit ihrem Kind braucht und von unterstützender Anleitung in ihrem Elternverhalten profitieren kann.

Zentraler Grundgedanke im Umgang mit misshandelten Eltern ist: Ein »Bemuttern« der Eltern führt zur Verbesserung der elterlichen Kompetenzen, das heißt, die Mütter und Väter müssen etwas Positives für ihre eigene Psyche bekommen. Auf der kognitiven Ebene kann dies beispielsweise durch ein ressourcenorientiertes Elterncoaching, durch Videofeedback und Entwicklungsberatung geschehen, auf der emotionalen Ebene im Sinne einer tiefergehenden Eltern-Kind-Psychotherapie, da eine Verbesserung der »Parenting Skills« und der intuitiven elterlichen Kompetenzen den Kindern unmittelbar zugute kommt und in den meisten Fällen unabdingbare Voraussetzung für das Gelingen eines therapeutischen Prozesses mit traumatisierten Eltern und ihren Kindern ist.

Zu berücksichtigen ist in der Elternberatung, dass speziell die expansiven Verhaltensweisen der Kinder eine Belastung für die misshandelten Eltern darstellen, welche entlastet und insbesondere emotional unterstützt, teilweise auch begleitet werden müssen, um diese durchzustehen, insbesondere wenn sie ein Kind haben, welches anlagebedingt zur Lebhaftigkeit neigt.

Insbesondere kann es dazu kommen, dass Eltern durch die traumabedingte »Hypervigilanz für Gefahrensituationen« ihrem Kind dann große Aufmerksamkeit zuteilwerden lassen, wenn es sich destruktiv oder aggressiv oder anderweitig unerwünscht verhält. Auch der sogenannte Confirmation-Bias einer elterlichen biografiebedingten Grundannahme, dass ihr Gegenüber aggressiv und grenzüberschreitend handeln wird, könnte dabei eine Rolle spielen, dass diesen Kindern viel Aufmerksamkeit für dysfunktionales Verhalten gegeben wird. Elterliche Aufmerksamkeit ist aber insbesondere im Kleinkindalter ein außerordentlich potenter Verstärker einer jeden Verhaltensäußerung, sodass es sehr wichtig ist, dass sich die Eltern Ressourcen für positive Aufmerksamkeit bei erwünschtem Verhalten bewahren, egal wie anstrengend das Kind ist.

In der Beratung ist zentral, dass die Eltern die entwicklungspsychologische Normalität von Explorationsverhalten und Expansivität begreifen lernen und nicht als maligne Provokation oder Aggression auffassen. Dies ist wichtig, damit es nicht zur Verstärkung speziell des unerwünschten Verhaltens durch dysfunktionale Aufmerksamkeit kommt, sondern sich das Kind auch in seinen konstruktiven und positiven Impulsen oder auch in Momenten geglückter Impulskontrolle wahrgenommen fühlt.

Täterzuschreibungen müssen benannt und gedeutet und die elterliche »Überschätzung des Absichtselements« muss mit einer entwicklungspsychologischen Beratung verknüpft werden, etwa dass im Kleinkindalter die exekutiven Funktionen schwach sind und es sich dabei in dieser Altersphase meist um eine entwicklungsbedingte Defizienz der Handlungsplanung und Impulskontrolle handelt, welche noch reifen kann. Daher ist auch absolute Zurückhaltung gegenüber einem vorschnellen Labelling eines Klein- oder Vorschulkindes als »hyperaktiv« oder sozialgestört geboten.

Es ist Eltern gegenüber vielmehr zu betonen, dass viele Kinder – insbesondere nach dem leider immer früher einsetzenden Medienkonsum – nur eine kurze Aufmerksamkeitsspanne und eine große Impulsivität besitzen. Wie eingangs beschrieben: Die exekutiven Funktionen benötigen Zeit und eine kontinuierliche Beziehung und Erziehung, die liebevoll, reizabschirmend und konsequent zugleich ist, um zur erwachsenen Funktionsfähigkeit heranzureifen. Bis dahin muss in der Beratungssituation unbedingt auch immer anerkannt werden, dass Eltern einiges auszuhalten haben.

Das normale Paradoxon, dass ein Wesen, welches nicht einmal Nahrungsaufnahme und -ausscheidung allein bewältigen kann, gleichzeitig ein erhebliches »Zerstörungs-« und Aktivitätspotenzial aufweist, muss unbedingt als ein Teil der altersgemäßen Entwicklung angesprochen werden. Durch diese Kluft zwischen einerseits maximaler Abhängigkeit und andererseits schwer eingrenzbarer Autonomiebestrebungen des Kindes entstehen oft massive emotionale Belastungen insbesondere misshandelter Eltern, welche in der Sprechstunde thematisiert werden müssen, oft auch in mehreren Sitzungen. Die Gefühle der Eltern müssen dabei erfragt und validiert werden und gegebenenfalls im Rahmen der Technik des »emotionalen Netzes« (»Woher kennen Sie dieses Gefühl?«) in die Biografie eingeordnet werden.

Wir haben geschildert, dass Frauen mit frühen Gewalterfahrungen von mehr wahrgenommener Einsamkeit und weniger Freunden während ihrer Kindheit berichten und sie dies signifikant von Frauen ohne frühe Gewalterfahrungen unterscheidet. Es scheint daher wichtig, betroffenen Eltern und Kindern frühzeitig soziale Unterstützung zukommen zu lassen. Untermauert wird die Wichtigkeit sozialer Unterstützung durch Ergebnisse der weiter oben genannten Studien, die soziale Beziehungen mit dem psychischen Wohlbefinden und der Ausprägung von Psychopathologie bei Kindern mit frühen Gewalterfahrungen in Verbindung bringen.

8.1 Mentalisierungsbasierte Behandlung

Zentral wichtig ist die Stärkung von Familien, in denen ein Elternteil frühe Gewalterfahrungen erlebt hat. Die weiter oben beschriebenen Befunde zeigen auf der einen Seite eine reduzierte mütterliche Sensitivität und ein erhöhtes Misshandlungspotenzial bei Müttern mit frühen Gewalterfahrungen. Auf der anderen Seite weisen die Ergebnisse aber auch auf eine mögliche Kompensationsmöglichkeit der betroffenen Mütter im Umgang mit ihren Kindern hin, die wie beschrieben in einer verstärkten Nutzung von Theory-of-Mind-Funktionen mit Involvierung des Mentalisierungsnetzwerks zu liegen scheinen. Eine erhöhte kognitive Mentalisierung als adaptive Kompensation könnte in Interventionen für betroffene Eltern spezifisch gefördert werden. Für solche, auf die Mutter-Kind-Interaktion zielenden Interventionen liegen erste Entwicklungen vor.

Die Londoner Arbeitsgruppe um Peter Fonagy (Fonagy, Sleed u. Baradon, 2016) hat Interventionen entwickelt, die zum Ziel haben, dass Mütter (und auch Väter) lernen, die mentalen Zustände hinter dem Verhalten ihres Kindes besser zu interpretieren und damit seinen Bedürfnissen sensitiver zu begegnen. Ziel ist es, dass ein intersubjektiver Prozess gemeinsamer Erfahrung von Mutter oder Vater und Kind entsteht, welcher Ausgangspunkt einer gesunden Selbstentwicklung des Kindes ist. Solch ein Elterntraining wurde von der Heidelberger Arbeitsgruppe um Svenja Taubner auf die Bedürfnisse psychisch schwer kranker Eltern angepasst und wird derzeit in einer randomisiert-kontrollierten Studie in Heidelberg als Add-on zur stationären Regelbehandlung den psychisch kranken Eltern angeboten (Volkert, Georg, Herpertz, Neukel u. Taubner, 2019). Eine besondere Zielgruppe sollen hier Mütter und Väter mit frühen Gewalterfahrungen sein, die eine psychische Erkrankung entwickelt haben, da sie nach den vorliegenden Daten eine besonders belastete Subgruppe darstellen und ein besonders großes Risiko für nichtsensitives Elternverhalten mit allen dargestellten Folgen für das Kind aufweisen. Neurobiologische Begleitforschung mit psychoendokrinologischen und bildgebenden Untersuchungen wird zudem das Verständnis erhöhen, auf welchem Weg ein solches Trainingsprogramm Elternverhalten auf kindliche Bedürfnisse anpasst.

8.2 Training der emotionalen Regulation für Mutter und Kind

Da die emotionale Regulation im Misshandlungskontext wie beschrieben sehr oft gestört ist, kann auch ein Training der Emotionsregulation für Eltern und Kind helfen, einen Misshandlungskreislauf zu unterbrechen. Die »Mutter-Kind-Skills« als Adaptation von DBT-Elementen wurden dazu in unserer Abteilung entwickelt (www.startyourway.de).

Bausteine aus evaluierten Therapien für Jugendliche (DBT-A: Bohus et al., 2001; Bohus u. Schmahl, 2006) wurden adaptiert speziell für Eltern und Kinder. Die in diesen international sehr anerkannten Verfahren eingesetzten Skillslisten für Erwachsene mit stressmindernden und emotionsregulierenden Fertigkeiten wurden in kindgerechte Skills und Bildmaterial übersetzt.

Dazu gibt es für die Kinder attraktives Ausschneide- und Klebematerial. Die Kinder können sich mithilfe der Mutter eine eigene Skillsliste auf einen Ampelplan zur Spannungsmessung basteln. Zusammen wird auch eine Skillsbox gestaltet und verschönert, die die Familie mit nach Hause nimmt. Die Eltern nehmen an dieser Sitzung teil und werden so unterstützt, ihr Kind (und sich selbst) zu Hause an die geeigneten Affektregulationsstrategien zu erinnern. Die Eltern sollen in den Eltern-Kind-Sitzungen auch eine eigene Skillsliste erstellen mit dem Hinweis, dass es ihren Kindern hilft, wenn sie sehen, welche Strategien Eltern benutzen, um sich zu beruhigen. Insbesondere Eltern, die stark unter dem externalisierenden Verhalten ihres Kindes leiden, wird vermittelt, dass es zentral ist, dass sie hinsichtlich der Strategien zur Affektregulation für das Kind Modell sind, also auch gelegentlich auf eigene »Skills« zurückgreifen und darauf auch das Kind aufmerksam machen. (»Ich bin jetzt richtig sauer, jetzt box ich einfach fest in das Kissen – jetzt geht's mir besser ...«) Die Vorbildfunktion der Eltern erstreckt sich hier auf die Verbalisierung und damit Legitimierung auch negativer Gefühle und mögliche adäquate Ausdrucksformen und Regulationsstrategien.

Mit Eltern und Kindern wird anhand dieses Materials gearbeitet, welches derzeit in einer multizentrischen Evaluationsstudie des Bundesministeriums für Bildung und Forschung evaluiert wird (www.startyourway.de).

8.3 Videofeedback nach dem Konzept der emotionalen Verfügbarkeit

Anhand von 15- bis 20-minütigen Videoaufnahmen (teilweise geschnitten) in alltagsnahen Situationen werden die Lage einer Familie und die Entwicklung eines Kindes zu verschiedenen Zeitpunkten analysiert (Biringen u. Robinson, 2000). Auf Grundlage dieser Videoanalyse können Arbeitsschwerpunkte (Entwicklungsaufgaben) und die Vorgehensweise entwickelt werden, die eine positive Entwicklung des Familiensystems sowie die Förderung des Kindes ermöglichen. Dabei gelten folgende Standards:
- Die Aufnahmen werden in einer Spielsituationen gemacht;
- Orientierung an den Wünschen der Kinder und Eltern;
- Aktivierung der Ressourcen von Einzelpersonen oder der Gesamtfamilie;
- flexible Ausrichtung an gut zu verstehenden, erreichbaren und kurzfristigen Zielen;
- der Blick ist auf das positive Videofeedback gerichtet, das heißt, die positiven Kontaktmomente der Interaktion zwischen Kindern und Eltern werden hervorgehoben;
- die Feedbacksitzungen werden gemeinsam mit den Eltern und ggf. auch Kindern (abhängig von Inhalt und Entwicklungsstand) gestaltet.

Die Videomikroanalyse der Mutter-Kind-Interaktion richtet den Fokus auf die intuitiven mütterlichen Kompetenzen (Papoušek, Schieche u. Wurmser, 2004) und die emotionale Verfügbarkeit (Biringen u. Robinson, 2000). Die Beurteilung der Mutter-Kind-Interaktion erfolgt durch Beobachten der emotionalen Verfügbarkeit von Mutter und Kind mithilfe der sogenannten Emotional Availability Scales, ausgearbeitet von Zeynep Biringen der Colorado State University (Biringen u. Robinson, 2000), die sich in sechs Dimensionen mit der emotionalen Verfügbarkeit in der Mutter-Kind-Interaktion befassen. Sie liegen auch den in den vorherigen Kapiteln beschriebenen wissenschaftlichen Interaktionsanalysen zugrunde und wurden in den oben genannten multizentrischen Untersuchungen standardisiert kodiert. Die sechs Dimensionen der Interaktion teilen sich hier in vier das Verhalten der Mutter beurteilende und zwei das Verhalten des Kindes beurteilende Skalen. Im Einzelnen sind dies: elterliche Sensitivität, elterliche Strukturierung, elterliche Nichtintrusivität, elterliche Annahme, kindliche Responsivität und kindliche Involvierung. Die elterlichen Skalen sind Gegenstand der Intervention und sollen im Folgenden näher erläutert werden.

Elterliche Sensitivität: Die Beurteilung der elterlichen Sensitivität erfolgt auf einer Skala von 9 (hoch sensitiv) bis 1 (hoch unsensitiv). Sie stellt eine komplexe Aufgabe dar, da vielen Qualitäten in einem einzigen Charakteristikum Rechnung getragen wird. Im Einzelnen werden Affekt, Wahrnehmung und Beantwortung kindlicher Signale, Zeitmanagement, Flexibilität, Kreativität und Vielfalt im Spiel, Akzeptanz und Verhandlungsgeschick bei Konflikten bewertet.

Elterliche Strukturierung: Die Beurteilung der elterlichen Strukturierung bewegt sich auf einer Skala von 5 (optimal strukturierend) bis 1 (nicht optimal strukturierend) und bewertet das Vermögen der Mutter, dem Kind eine von ihm annehmbare Struktur im Sinne eines Rahmens oder eines Gerüstes zu bieten. Es wird somit die Fähigkeit der Mutter beurteilt, einen adäquaten Rahmen für die Interaktion zu schaffen sowie Grenzen und Regeln für Verhaltensweisen aufzustellen. Es sollte ein gemeinsames Entwerfen der Regeln nach den

Bedürfnissen, nicht nach den Wünschen des Kindes zu beobachten sein. Wenn also die Mutter dem Kind eine Struktur (z. B. im Spiel) anbietet, das Kind sich jedoch emotional nicht oder schwer in das Spiel einbringen lässt, wird das Strukturvermögen der Mutter eher niedrig bewertet. Es wird jedoch höher bewertet, als wenn sie gar nicht versuchen würde, Struktur zu bieten.

Elterliche Nichtintrusivität: Die Beurteilung der elterlichen Nichtintrusivität erfolgt auf einer Skala von 5 (nicht intrusiv) bis 1 (hoch intrusiv). Bewertet wird die Angemessenheit des elterlichen Engagements, also die Fähigkeit, verfügbar zu sein, ohne sich aufzudrängen. Arten der Intrusivität können sich darstellen in Form von Überbehütung, Überstimulation, Überdirektivität, Einmischen/Eingreifen, Einschränkung der kindlichen Autonomie oder durch die Eigenart, ein Kind jünger zu behandeln, als es ist. Die elterliche Intrusivität kann sowohl physischer als auch psychischer Art sein.

Elterliche Annahme: Die elterliche Annahme wurde auf einer Skala von 5 (nicht ablehnend) über 3 (verdeckt ablehnend) bis 1 (offen ablehnend) beurteilt. Auch hier geht es um sowohl verbale als auch nonverbale oder nicht direkt gegen das Kind gerichtete Feindseligkeiten. Signale der Nichtannahme wären zum Beispiel Gähnen oder andere Anzeichen von Langeweile oder Gereiztheit innerhalb der Interaktion, Seufzen, Augenrollen, eine immer wieder nach unten gehende Satzmelodie.

Aufgrund der längsschnittlichen Bedeutung der elterlichen emotionalen Verfügbarkeit für die Kindes- und Beziehungsentwicklung gilt es, elterliche Sensitivität und Strukturierung zu stärken, Feindseligkeit und Intrusivität zu mindern. Je nach Dyade stehen dabei andere Faktoren im Vordergrund.

In der Supervision bzw. der Betrachtung des Videos durch den Therapeuten allein wird anhand der beschriebenen Skalen zunächst identifiziert, welche elterliche Kompetenz vordringlich gestärkt werden muss. Im Fallbeispiel von Marco F. war es die mütterliche Strukturierung. Dann wird in dem Video eine Sequenz ausgesucht, in der das – ansonsten eher unstrukturierte – Elternteil ausnahmsweise erfolgreich strukturierend war, das heißt das erwünschte Verhalten zeigte. Diese Sequenz wird den Eltern dann – beim gemeinsamen Betrachten des Videos hervorgehoben – lobend und auch in Zeitlupe mehrmals vorgespielt und erklärt, warum genau dieses Verhalten sehr gut war und wichtig für ihr Kind ist. Die negativen Sequenzen oder Aspekte werden vom Therapeuten zunächst nicht kommentiert; oft fallen sie den Eltern selbst auf, dann muss der Therapeut oder die Therapeutin eine validierende Haltung gegenüber den Eltern einnehmen und ihnen helfen, mit der gewonnenen Erkenntnis fertigzuwerden und daraus positive Konsequenzen für die Zukunft abzuleiten.

Es sollte beachtet werden, dass die Verwendung von videografierten Mutter-Kind-Interaktionen gerade im Rahmen der Behandlung elterlicher Störungen mit einer hohen Sensibilität für die besondere Vulnerabilität der Eltern und mit der Fokussierung auf positive Verhaltensmuster erfolgen sollte. Eine entsprechende spezifische psychotherapeutische Weiterbildung zur videogestützten Eltern-Kind-Therapie, wie sie zum Beispiel von der Arbeitsgruppe von Schechter (2003) angeboten wird, stellt aufgrund der Gefahr tief greifender Verletzungen des elterlichen Selbstwertgefühls eine unbedingte Voraussetzung für diese Arbeit dar! Daher sollte das Verfahren nach Ausbildung bzw. unter Supervision durchgeführt werden. Immer wieder ist der ressourcenorientierte Fokus hervorzuheben: Was kann die Mutter oder der Vater gut? An welcher Stelle des Videos zeigte sie oder er sich sensitiv oder nicht intrusiv?

Diese Sequenz wird den Eltern wieder und wieder gezeigt mit der Rückmeldung: »Hier haben Sie wirklich genau hingehört, was Ihr Kind Ihnen sagen wollte, und sogar nachgefragt – das hat mir sehr gut gefallen und Ihrem Kind auch sehr gutgetan. Was hat Ihnen geholfen, hier so sensibel zu reagieren?« Hier sollte die Therapeutin oder der Therapeut auch offen sein für mögliche eigene biografische Erzählungen der Eltern, beispielsweise die Antwort: »dass ich mir das so sehr von meiner eigenen Mutter gewünscht habe …« Oder: »dass ich das Gefühl hatte, mein Kind hört mir auch zu …«

Durch das »Containment« auch elterlicher Bedürfnisse kann eine Vertrauensbeziehung zwischen Eltern und Behandlerin entstehen, auch wenn diese primär als Kindertherapeutin oder -psychiaterin hinzugezogen wurde. Denn grundsätzlich ist in einer solchen Funktion immer auch die Offenheit für die Emotionalität und Bedürfnisse der Eltern eine, manchmal sogar die entscheidende Hilfe für das Kind.

9 Schlusswort

Kinder zu erziehen ist eine Aufgabe, bei der auch Eltern ohne Misshandlungserfahrungen gelegentlich an ihre Grenzen gebracht werden. Mit den beschriebenen zusätzlichen misshandlungsbedingten »Gespenstern« im Kinderzimmer ist es ohne Unterstützung kaum zu bewältigen. Die Inanspruchnahme von Hilfe ist daher keinesfalls als Insuffizienz, sondern als gutes Recht der Eltern zu werten. Leider werden insbesondere in der frühen Kindheit Probleme zwischen Eltern und Kind und ein oft erheblicher Leidensdruck beider »Parteien« nicht oder nicht an der richtigen Stelle oder eben erst zu spät angesprochen, wenn sich der hier beschriebene Misshandlungskreislauf bereits wieder geschlossen hat.

Aufgrund der schwerwiegenden und lang anhaltenden Folgen für die Betroffenen und die nächste Generation ist es darüber hinaus von äußerster Wichtigkeit, passgenaue Interventionen zu entwickeln und zu etablieren, welche die Entwicklung fördern, der Entstehung psychischer Störungen vorbeugen und die Weitergabe der Folgen erlebter Gewalt von Generation zu Generation unterbrechen.

Die Praxis der Eltern-Kind-Beratung und -Behandlung ist daher erste Grundlage und sollte aus präventiver Sicht unbedingt weitere Verbreitung vor allem auch in kinderpsychiatrischen Behandlungssettings finden. Dazu müsste es mehr gesellschaftliche Akzeptanz erlangen, dass sich Eltern unterstützen lassen, um durch oft einfache Interventionen vielen Eltern-Kind-Dyaden ein unbelasteteres Miteinander und den Kindern ein gesundes Aufwachsen zu ermöglichen.

Literatur

Ahnert, L. (Hrsg.) (2008). Frühe Bindung. Entstehung und Entwicklung (2. Aufl.). München: Reinhardt.
Arnsten, A. F. T. (1999). Development of the cerebral cortex: XIV. Stress impairs prefrontal cortical function. Journal of the American Academy of Child and Adolescent Psychiatry, 38, 220–222.
Arnsten, A. F. T., Goldman-Rakic, P. S. (1998). Noise stress impairs prefrontal cortical cognitive function in monkeys: evidence for a hyperdopaminergic mechanism. Archives of General Psychiatry, 55, 362–369.
Aschersleben, G. (2006). Early development of action control. Psychology Science, 48 (4), 405–418.
Biringen, Z., Easterbrooks, M. A. (2012). The integration of emotional availability into a developmental psychopathology framework: Reflections on the special section and future directions. Development and Psychopathology, 24, 1, 137–142.
Biringen, Z., Robinson, J. L. (2000). Appendix A: The emotional availability scales (2nd ed.; an abridged infancy/early childhood version). Attachment and Human Development, 2, 251–270.
Bödeker, K., Fuchs, A., Führer, D., Möhler, E., Resch, F. (2019). Impact of early life maltreatment and maternal history of depression on child psychopathology: Mediating role of maternal sensitivity? Child Psychiatry and Human Development, 50, 2, 278–290.
Bohus, M., Limberger, M. F., Frank, U., Sender, I., Gratwohl, T., Stieglitz, R.-D. (2001). Entwicklung der Borderline-Symptom-Liste. PPmP – Psychotherapie Psychosomatik Medizinische Psychologie, 51 (5), 201–2011.
Bohus, M., Schmahl, C. (2006). Psychopathologie und Therapie der Borderline-Persönlichkeitsstörung. Deutsches Ärzteblatt, 103, 3345–3352.
Bowlby, J. (1969). Attachment and loss: Attachment (Vol. 1). New York: Basic Books.
Braun, K., Rether, K., Gröger, N., Bock, J. (2014). Prägung und Individualisierung der Gehirnfunktion – Grundlagenforschung zu epigenetischen

Mechanismen bei der Gehirnentwicklung. In H. Böker (Hrsg.), »Personalisierte« Psychiatrie – Paradigmenwechsel oder Etikettenschwindel? (S. 54–73). Bern: Huber.

Brayden, R., Altemeier, W., Tucker, D., Dietrich, M., Vietze, P. (1992). Antecedents of child neglect in the first two years of life. Journal of Pediatrics, 120, 426–429.

Brazelton, T. B., Cramer, B. G. (1989). Das Kind als Wiedergeburt eines Vorfahren. Die frühe Bindung. Stuttgart: Klett-Cotta.

Bridgett, D., Burt, N., Edwards, E., Deater-Deckard, K. (2015). Intergenerational transmission of self-regulation. A multidisciplinary review and integrative conceptual framework. Psychological bulletin, 141, 602–654.

Buchheim, A., Strauß, B., Kächele, H. (2002). Die differenzielle Relevanz der Bindungsklassifikation für psychische Störungen – Zum Stand der Forschung bei Angststörungen, Depression und Borderline-Persönlichkeitsstörung. PPmP – Psychotherapie Psychosomatik Medizinische Psychologie, 52, 128–133.

Casanova, G. M., Domanic, J., McCanne, T. R., Milner, J. S. (1994). Physiological responses to child stimuli in mothers with and without a childhood history of physical abuse. Child Abuse & Neglect, 18, 995–1004.

Cierpka, M., Cierpka, A. (1997). Die Identifikation eines mißbrauchten Kindes.

Cramer, B. (1986). Assessment of parent-infant relationship. In T. B. Brazelton, M. W. Yogman (Eds.), Affective development in infancy. Norwood, N. J.: Ablex Publ.

Crittenden, P. (1981). Abusing, neglecting, problematic, and adequate dyads: Differentiating by patterns of interaction. Merrill-Palmer Quarterly – Journal of Developmental Psychology, 27, 201–218.

Crittenden, P. M., DiLalla, D. L. (1988). Compulsive compliance: the development of an inhibitory coping strategy in infancy. Journal of Abnormal Child Psychology, 16 (5), 585–599.

Crittenden, P., Patridge, M., Claussen, A. (1991). Family patterns of relationship in normative and dysfunctional families. Developmental Psychopathology, 3, 491–512.

De Bellis, M. D. (2001). Developmental traumatology: The psychobiological development of maltreated children and its implications for research, treatment, and policy. Development and Psychopathology, 13, 539–564.

Dittrich, K., Boedeker, K., Kluczniok, D., Jaite, C., Attar, C. H., Fuehrer, D., Herpertz, S. C., Brunner, R., Winter, S. M., Heinz, A. (2018). Child abuse potential in mothers with early life maltreatment, borderline personality disorder and depression. The British Journal of Psychiatry, 213, 1, 412–418.

Dixius, A., Möhler, E. (2019). Stress- und Traumafolgen bei Kindern und Jugendlichen. Stuttgart: Kohlhammer.

Dornes, M. (1993). Die frühe Kindheit. Frankfurt a. M.: Fischer-Taschenbuch-Verlag.

Dornes, M. (2000). Die emotionale Welt des Kindes. Frankfurt a. M.: Fischer-Taschenbuch-Verlag.

Ehlers, A., Clark, D. M. (2000). A cognitive model of posttraumatic stress disorder. Behaviour Reaearch and Therapy, 38, 319–345.

Engfer, A., Gavranidou, M. (1987). Antecedents and consequences of maternal sensitivity. A longitudinal study. In H. Rauh, H.-C. Steinhausen (Eds.), Psychobiology and early development (pp. 71–99). North-Holland. Elsevier.

Feldmann, R., Braun, K., Champagnes, A. (2019). The neural mechanisms and consequences of paternal caregiving. Nature Neuroscience, 19, 205–211.

Fonagy, P., Sleed, M., Baradon, T. (2016). Randomized controlled trial of parent-infant psychotherapy for parents with mental health problems and young infants. Infant Mental Health Journal, 37 (2), 97–114.

Fraiberg, S. (1980). Clinical studies in infant mental health: The first year of life. New York: Basic Books.

Fuchs, A., Führer, D., Bierbaum, A., Möhler, E., Bödeker, K. (2016a). Transgenerationale Einflussfaktoren kindlicher Inhibitionskontrolle: Mütterliche Traumaerfahrung, Depression und Impulsivität. Praxis der Kinderpsychologie und Kinderpsychiatrie, 65, 634–640.

Fuchs, A., Führer, D., Bierbaum, A. L., Zietlow, A. L., Hindi-Attar, C., Neukel, C., Kluczniok, D., Kaess, M., Kramschuster, A., Reck, C., Möhler, E., Lehmkuhl, U., Bermpohl, F., Brunner, R., Resch, F., Bodeker, K. (2016b). Transgenerational effects on child inhibition: The role of maternal history of abuse, depression and impulsivity. Praxis der Kinderpsychologie und Kinderpsychiatrie, 65 (6), 423–440.

Fuchs, A., Möhler, E., Reck, C., Resch, F., Kaess, M. (2016c). The early mother-to-child bond and its unique prospective contribution to child behavior evaluated by mothers and teachers. Psychopathology, 49, 211–216.

Fuchs, A., Möhler, E., Resch, F., Kaess, M. (2017). The effect of a maternal history of childhood abuse on adrenocortical attunement in mothers and their toddlers. Developmental Psychobiology, 59 (5), 639–652.

Gervai, J. (2009). Environmental and genetic influences on early attachment. Child and Adolescent Psychiatry and Mental Health 3, 1–12.

Gloger-Tippelt, G., König, L. (2009). Bindung in der mittleren Kindheit. Das Geschichtenergänzungsverfahren zur Bindung 5- bis 8-jähriger Kinder (GEV-B). Weinheim, Basel: Beltz PVU.

Gorman, J. M., Mathew, S., Coplan, J. D. (2002). Neurobiology of early life stress: nonhuman primate models. Seminars in Clinical Neuropsychiatry, 7, 96–103.

Heim, C., Nemeroff, C. (2009). Neurobiology of posttraumatic disorder. CNS Spectrum, 14, 13–24.

Hinde, R. (1976). On describing relationships. Journal of Child Psychology and Psychiatry, 17, 1–19.

Klauer, K. J. (1998). Förderung des Denkens und Lernens. In M. Greisbach, Kullik, U., Souvignier, E. (Hrsg.), Von der Lernbehindertenpädagogik zur Praxis schulischer Lernförderung (S. 283–290). Lengerich: Pabst.

Korja, R., Nolvi, S., Grant, K., McMahon, C. (2017). The relations between maternal prenatal anxiety or stress and child's early negative reactivity or self-regulation: A systematic review. Child Psychiatry and Human Development, 27, 1–9.

Kress, S., Cierpka, M., Möhler, E., Resch, F. (2012). Maternal affect regulation of mothers with a history of abuse in mother-infant-interaction. Praxis der Kinderpsychologie und Kinderpsychiatrie, 61, 271–285.

Kropp, J. P., Haynes, O. M. (1987). Abusive and nonabusive mothers' ability to identify general and specific emotion signals of infants. Child Development, 58, 87–190.

Kumar, R. (1997). The role of affect in negotiations: An integrative overview. Journal of Advanced Behavioral Sciences, 33, 84–100.

Lahti, M., Savolainen, K., Tuovinen, S., Pesonen, A., Lahti, J., Heinonen, K., Räikkönnen, K. (2017). Maternal depressive symptoms during and after pregnancy and psychiatric problems in children. Journal of the American Academy of Child and Adolescent Psychiatry, 56, 30–39.

Leifer, M., Kilbane, T., Jacobsen, T., Grossman, G. (2004). A three-generational study of transmission of risk for sexual abuse. Journal of Clinical Child & Adolescent Psychology, 33(4), 662–672.

Liu, D., Caldji, C., Sharma, S., Plotzky, P. M., Meaney, M. J. (2000). Influence of neonatal rearing conditions on stress-induced adrenocorticotropin responses and norepinepherine release in the hypothalamic paraventricular nucleus. Journal of Neuroendocrinology, 12, 5–12.

Lyons, D. M., Lopez, J. M., Yang, C., Schatzberg, A. F. (2000). Stress-level cortisol treatment impairs inhibitory control of behavior in monkeys. Journal of Neuroscience, 15, 7816–7821.

Mielke, E. L., Neukel, C., Bertsch, K., Reck, C., Möhler, E., Herpertz, S. C. (2018). Alterations of brain volumes in women with early life maltreatment and their associations with oxytocin. Hormones Behaviour, 97, 128–136.

Milner, J., Halsey, L., Fultz, J. (1995). Empathic responsiveness and affective reactivity to infant stimuli in high- and low-risk for physical child abuse mothers. Child Abuse & Neglect, 19, 767–80.

Mirescu, C., Peters, J. D., Gould, E. (2004). Early life experience alters response of adult neurogenesis to stress. Nature Neuroscience, 7 (8), 841–846.

Möhler, E., Biringen, Z., Poustka, L. (2007). Emotional availability in a sample of mothers with a history of abuse. American Journal of Orthopsychiatry, 77, 624–628.

Möhler, E., Brunner, R., Wiebel, A., Reck, C., Resch, F. (2006a). Maternal depressive symptoms in the postnatal period are associated with long-term impairment of mother-child bonding. Archives of Women's Mental Health, 9, 273–278.

Möhler, E., Kagan, J., Parzer, P., Wiebel, A., Brunner, R., Resch, F. (2006b). Behavioral inhibition and its relation to neonatal cardiac activity, reactivity and habituation. Journal of Personality and Individual Differences, 41, 1349–1358.

Möhler, E., Matheis, V., Poustka, L., Marysko, M., Finke, P., Kaufmann, C., Reck, C., Cierpka, M., Resch, F. (2009). Mothers with a history of abuse show increased impulsiveness with their one-year old child. Child Abuse and Neglect, 33, 123–126.

Möhler, E., Matheis, V., Reck, C., Cierpka, M., Resch, F. (2008). Pre- and postnatal complications in a sample of mothers with a history of abuse. Journal of Psychosomatic Obstetrics and Gynecology, 29, 193–198.

Möhler, E., Parzer, P., Brunner, R., Wiebel, A., Resch, F. (2006c). Emotional stress in pregnancy predicts human infant reactivity. Early Human Development, 82, 731–737.

Möhler, E., Resch, F. (2000). Frühe Ausdrucksformen und Transmissionsmechanismen mütterlicher Traumatisierungen innerhalb der Mutter-Säuglings-Interaktion. Praxis der Kinderpsychologie und Kinderpsychiatrie, 49, 16–28.

Möhler, E., Resch, F., Cierpka, A., Cierpka, M. (2001) The early appearance and inter-generational transmission of maternal traumatic experiences in the context of mother-infant interaction. Journal of Child Psychotherapy, 27, 257–271.

Möhler, E., Resch F. (2005). Der Übergang vom Säugling zum Kindergartenkind. In L. Thun-Hohenstein (Hrsg.), Übergänge – Wendepunkte und Zäsuren in der kindlichen Entwicklung. Göttingen: Vandenhoeck & Ruprecht.

Möhler, E., Resch, F. (2018). Maternal salivary cortisol in pregnancy and pre-, peri- and postnatal medical complications. Journal of Pregnancy and Child Health.

Möhler, E., Resch, F., Cierpka, A., Cierpka, M. (2001). The early appearance and inter-generational transmission of maternal traumatic experiences in the context of mother-infant interaction. Journal of Child Psychotherapy, 27, 257–271.

Neukel, C., Bertsch, K., Fuchs, A., Zietlow, A.-L., Reck, C., Moehler, E., Brunner, R., Bermpohl, F., Herpertz, S. C. (2018a). The maternal brain in women with a history of early-life maltreatment: An imagination-based fMRI study of conflictual versus pleasant interactions with children. Journal of Psychiatry & Neuroscience, 43 (4), 273.

Neukel, C., Herpertz, S. C., Hinid-Attar, C., Zietlow, A.-L., Fuchs, A., Moehler, E., Bermpohl, F., Bertsch, K. (2018b). Neural processing of the own child's facial emotions in mothers with a history of early life maltreatment. European Archives of Psychiatry and Clinical Neuroscience, 1–11.

Nigg, J. (2017). Annual research review: On the relations among self-regulation, self-control, executive functioning, effortful control, impulsivity, risktaking and inhibition for delvelopmental psychopathology. Journal of Child Psychology and Psychiatry and Allied Disciplines, 58, 361–383.

Nolvi, S., Karlsson, L., Bridgett, D., Pajulo, M., Tolvanen, M., Karlsson, H. (2016). Maternal postnatal psychiatric symptoms and infant temperament affect early mother infantbonding. Infant Behaviour and Development, 43, 654–657.

O'Donnell, K. J., Meaney, M. J. (2017). Fetal origins of mental health: the developmental origins of health and disease hypothesis. American Journal of Psychiatry, 174, 319–328.

Papoušek, M., Schieche, l., Wurmser, H. (2004). Regulationsstörungen der frühen Kindheit. Frühe Risiken und Hilfen im Entwicklungskontext der Eltern-Kind-Beziehungen. Bern u. a.: Hans Huber.

Posner, M., Rothbarth, M. (2009). Toward a physical basis of attention and self-reguation. Physics of Life Reviews, 6, 103–120.

Poustka, L., Banaschewski, T., Möhler, E., Ludolph, A. (2011). Missbrauch bedeutet Dauerstress fürs Gehirn: Neurobiologische Folgen. MMW – Fortschritte der Medizin, 153, 36.

Rabain-Jamin, J. (1984). Paradoxical forms of the mother-infant exchange. Neuropsychiatrie de l'Enfance et de l'Adolescence, 32 (10–11), 545–551.

Resch, F., Brunner, R., Parzer, P. (1998). Dissoziative Mechanismen und Persönlichkeitsentwicklung. In J. Klosterkötter (Hrsg.), Frühdiagnostik und Frühbehandlung psychischer Störungen (S. 125–141) Berlin: Springer.

Resch, F., Parzer, P., Brunner, R. (1996). Entwicklungspsychopathologie des Kindes- und Jugendalters. Ein Lehrbuch. Weinheim: Beltz, PsychologieVerlagsUnion.

Rothenberger, S., Möhler, E., Resch, F. (2011). Subjective and objective correlates of maternal stress during pregnancy. Psychopathology, 44 (1), 60–67.

Rothenberger, S., Resch, F., Doszpod, N., Moehler, E. (2011). Prenatal stress and infant affective reactivity at five months of age. Early Human Development, 87, 129–136.

Sanchez, M. M., Ladd, C. O., Plotsky, P. M. (2001). Early adverse experience as a developmental risk factor for later psychopathology: Evidence from rodent and primate models. Development and Psychopathology, 13, 419–449.

Schechter, D. (2003). Intergenerational communication of maternal violent trauma: Understanding the interplay of reflective functioning and posttraumatic psychopathology. In S. W. Coates, J. Rosenthal, D. S. Schechter (Eds.), September 11: Trauma and human bonds (S. 115–142). Hillsdale, NJ: Analytic Press.

Schechter, D. S., Moser, D. A., Reliford, A.,McCaw, J. E., Coates, S. W., Turner, J. B., Serpa, S. R., Willheim, E. (2015). Negative and distorted attributions towards child, self, and primary attachment figure among posttraumatically stressed mothers: What changes with Clinician Assisted Videofeedback Exposure Sessions (CAVES). Child Psychiatry & Human development, 46 (1), 10–20.

Schmid, M., Fegert, J. M., Petermann, F. (2010) Traumaentwicklungsstörung: Pro und Kontra. Kindheit und Entwicklung, 19 (1), 47–63.

Steele, B. F., Pollock, C. B. (1978). Eine psychiatrische Untersuchung von Eltern, die Säuglinge und Kleinkinder mißhandelt haben. In R. E. Helfer, C. H. Kempe (Hrsg.), Das geschlagene Kind (S. 161–243). Frankfurt a. M.: Suhrkamp.

Stoltenborgh, M., Bakermans-Kranenburg, M. J., Alink, L. R., van IJzendoorn, M. H. (2015). The prevalence of child maltreatment across the globe: Review of a series of meta-analyses. Child Abuse Review, 24 (1), 37–50.

Thijssen, S., Muetzel, R., Bakermans-Kranenburg, M., Jaddoe, V., Tiemeier, H., Verhulst, F., van Ljzendoorn, M. H. (2017). Insensitive parenting may accelerate the development of the amygdala-medial prefrontal cortex circuit. Development and Psychopathology, 29, 505–518.

Troisi, A., D'Amato, F. (1984). Ambivalence in monkey mothering. Infant abuse combined with maternal possessiveness. Journal of Nervous and Mental Disease, 172, 105–108.

Van den Bergh, B., van den Heuvel, M., Lahti, M., Braeken, M., de Rooji, S., Entringer, S., Schwab, M. (2017). Prenatal developmental origins of behavior and mental health: The influence of maternal stress in pregnancy. Neuroscience and Biobehavioral Reviews.

Van der Kolk, B. A. (1997). The psychopbiology of posttraumatic stress disorder. Journal of Clinical Psychiatry, 58 (9), 16–24.

Van der Kolk, B. A., Roth, S., Pelcovitz, D., Sunday, S., Spinazzola, J. (2005). Disorders of extreme stress. The empirical foundation of complex adaptation to trauma. Journal of Traumatic Stress, 18, 5, 389–399.

Volkert, J., Georg, A., Herpertz, S. C., Neukel, C., Taubner, S. (2019). Bindungskompetenzen von psychisch kranken Eltern stärken: Adaptation und Pilottestung des mentalisierungsbasierten Leuchtturm-Elternprogramms. Praxis der Kinderpsychologie und Kinderpsychiatrie, 68, 1, 27–42.

Winnicott, D. (1965). The family and individual development. New York: Basic Books, Inc.

Zeanah, C. H., Scheeringa, M., Boris, N. W., Heller, S. S., Smyke, A. T., Trapani, J. (2004). Reactive attachment disorder in maltreated toddlers. Child Abuse & Neglect, 28 (8), 877–888.